文春文庫

帝国ホテルの不思議

村松友視

文藝春秋

まえがき

帝国ホテルを題材にして作品を書くなど、分を忘れた大胆すぎる試みだと自覚している。いい度胸だね、と自らを揶揄《やゆ》したくなるくらいである。

帝国ホテル……それが日本のホテルの中で、あきらかに特別な位置にあることについては、その歴史や伝統、規模や格式、あるいはさまざまなエピソードをからめて、これまでも折にふれて説き起こされてきた。そして私はと言えば、その帝国ホテルの特別性、威厳性、伝説性へのたじろぎ、ひるみ、尻込みに終始して、どちらかと言えば馴染むというよりも、敬して遠ざけるという苦肉の策を労しつつ、時おり足を向けることをつづけているタイプと言ってよい。このあたりが、帝国ホテルへの自分の分にふさわしいスタンスであろうという気がしていたのもたしかだった。

何しろ私は、玄関ロビーに入ったとたんにつつまれる、帝国ホテル特有の空気感に、かすかなプレッシャーをおぼえるありさまで、悠然たる宿泊客になるなど思いもおよばぬタイプなのだ。よく考えればそれは、頭の中で勝手にこねくり回したイメージと、私の宿痾《しゅくあ》と言ってよい性癖の合体によって生じることであり、ほとんど具体的な理由をもたぬ、無用の怯《おび》えゆえの緊張にちがいなかった。

ところが、この緊張が解き放されて隠微な快感と好奇心に反転する錯覚に似た一瞬が、たまにあったりもする。するとその錯覚に似た一瞬の中で、自分が悠然たる常連客たちとは、またひと味ちがった帝国ホテルを感得しているような気分につつまれるのだった。密接な関係ではあり得ぬものの、無縁でもなさそうだ……隠微な快感と好奇心が、そんな呟きを軀《からだ》の奥に生じさせた。そしてその呟きが、私が物書きとして帝国ホテルを考える上での、小さな炎となった。

やがてその小さな炎が、かつて京都の老舗旅館を題材として書いた『俵屋の不思議』という作品を、記憶の底からさそい出した。この作品を書くにさいして、私は旅館につとめる人々や出入りのさまざまな職人さんの話を手がかりにして、京都という街の奥深さにくるまれた老舗旅館の〝不思議〟を炙り出すという手法を編み出した（大袈裟な言い方だが、編み出したという実感が残っているのだ）。そして帝国ホテルについても、その物腰と視座を用いて取り組めば、自分らしい作品が書けるかもしれぬという思いが高まっていった。十一年前に書いた作品が導火線となって、今回の『帝国ホテルの不思議』という作品に、ようやく点火したというわけである。

帝国ホテルとは何ぞや……と大上段に振りかぶるのではなく、帝国ホテルのそれぞれの部署に配置されている〝現場の人〟の職人性、伝統への思い、日常の業務、会話のスタイル、責任感の流儀、運命の受け止め方、人生観などの内側から、〈帝国ホテルとは何ぞや〉は、おのずと浮かび上がってくるであろうというのが、私なりの目論みだった。

私は緊張が隠微な快感と好奇心に反転する錯覚のような一瞬を道連れとして、たじろぎ、ひるみ、尻込みする自分を鼓舞しつつ、帝国ホテルの〝不思議〟を炙り出す手筈をととのえていった。以上、大胆すぎるテーマを書くにいたる、実に長々しい言い訳をかねた、この作品を読まれる直前の読者の方々への、とりあえずのご報告である。

帝国ホテルの不思議　目次

2 ロビーという領域

4
調理場・宴会場という領域

5 内蔵される秘密兵器という領域

帝国ホテルの不思議

1

帝国ホテルの顔という領域

総支配人　定保英弥

「あなたの将来は？」

「帝国ホテルの総支配人」

帝国ホテルの不思議を探るにさいして、各セクションの現場の人々に取材する前に、現場にもっとも大きい影響を与え、現場からもっとも大きい影響を受ける、オーケストラならばコンダクターという立場にある、総支配人の話をまずはうかがっておかねばと思った。現場の具体性を掌握しながら、帝国ホテル全体を見渡す視座を必要とする仕事であろうことはもちろん想像できたが、その職務の内容はいったいどのようなものなのか。帝国ホテル総支配人の仕事とはいったい何なのでしょう……そんな単刀直入な質問に対して、定保英弥さんはきわめてやわらかい口調で、懇切丁寧に説明してくれた。

帝国ホテルのセクションを大きく分けると、客室、レストラン、宴会、帝国ホテルの商品を販売するガルガンチュワの外販事業部がある。それらの場所を数多くの人々に利用してもらい、ホテルライフを楽しんで、リピーターとなってもらうためにあるオペレーションの最高責任者……大雑把な理解ではそういうことになるようだ。

東京都がメインでやっている国際会議場のケータリングも、帝国ホテルが担っているというから、その部分の管理もまた重大な仕事として組み込まれている。

ただ、特別な顧客を別にして、私たち一般人が帝国ホテル内で総支配人と接するケースは、ほとんどないと言ってよいのではなかろうか。何かが起これば表面に出るが、目に見える仕事が潤滑に行なわれるための、目に見えない責任者……そんなイメージもある。

だが、目に見えないところでは、たとえば宿泊客のコメントレターにはすべて目を通すことから、バイキングの朝食に出る味噌汁の量の加減にいたるまで、かなり幅広く細かい目配りをする役どころでもある。その目配りを行きとどかせるためには、つねに現場に足をはこび、ホテルの客がどのように楽しんでいるかを感じ取り、それをヒントにプランを思い浮かべなければならない。

私なども、久しぶりに帝国ホテルをおとずれたとき、電話ボックスのありようや、ロビーの応接セットなどの、模様がえに気づくことがある。このようなことも、総支配人と現場の担当者との意見交換の結果、決定されてゆく。帝国ホテルの各部署は、熟練のプロにめぐまれているので、二〇〇九年（平成二十一）の四月から総支配人となった定保さんにとっては心強いことだという。また、定保さんと長年一緒にやってきたチームとのあいだにも、つねに新しいことにチャレンジしようという合意が確認されているから、私たちに見えないところで、帝国ホテルの客にとって何が必要とされているかを探る神経は、全館に満ちみちているということになる。

よく話し、聞き、現場からの吸収力を保つ……これは、チームプレーの責任者たる総支配人の、欠くべからざる要素であるにちがいない。定保さんからはそんな意識が強く伝わってくると同時に、生来のものであるらしいそのやわらかい感性が、職責を全うする上で大きな資質として生きているという気がした。

定保さんの話をうかがっているうち何度か、プラス思考によって、時代の曲り角を切り抜けていこうという意志の強さを感じさせられた。

現代のケータイ文化と、かつてイメージされたホテル独特のクールな雰囲気とは、かならずしも馴染み合うものではない。ケータイは人前で電話の相手と話すことに人を慣れさせ、人前で化粧をすることに慣れさせ、つまり〝人前〟という意識を人々から引き抜きつつあるように思える。そんな時代風潮は、ホテルという文化にとって歓迎すべき傾向とは言えぬのでは……と水を向けてみると、定保さんからは次のような解釈が返ってきた。

ケータイから派生する雰囲気は承知しながらも、ホテルのオペレーションにとって、ケータイという武器の絶大な効力は否定できない。賓客の到着時間の確認と同時に、客室階へ直に通じるエレベーターの確保をし、さまざまな準備をするため、営業時代の定保さんは館内を駆けめぐっていたという。その状態がケータイによって大いに緩和され、さらなるサービスへの余力として生きている……これはありがたいことだと、定保さんは受けとめる。

そして、プレッシャーというのではなく、帝国ホテルの雰囲気に馴染もうとする神経が、自然に生じているのか、ロビーなどで大声でやりとりをするケースはあまり見あたらないそうだ。ホテルという空間の押しつけがましくない、かすかなる抑制気分が、そこにいる人々の気持を洗練させてゆく……それこそ帝国ホテルに似つかわしい雰囲気というものだ。定保さんは、帝国ホテルを利用する人々の、そのような感覚をプラス思考で受けとめているようだ。

また、世界中の名だたるホテルの東京進出に対しても、もちろん競争はきびしくなるが、東京がようやくニューヨーク、パリ、ロンドンなどと同じ位置になった証《あかし》という価値づけをする。東京という街のグレードアップと、帝国ホテルの存在価値が通底しているという認識を、定保さんは抱いているのだ。

定保　いまは、どのホテルもたいへん苦しい時期だと思いますけれども、帝国ホテルならではの伝統と歴史を踏まえて、しっかりと差別化をはかりながら、その良さを多くのお客さまに知っていただく意味では、比較検討もされることですし、絶好のチャンスだと思っております。そういった意味合いでは、百二十周年を迎える今だからこそ、原点に立ちもどって、帝国ホテルが誕生した意味をしっかり見つめ直すことが、もっとも大事なことではないかと思っております。

——その原点というものを具体的にあげると、どういう要素になるのですか。

定保　いろいろな見方があると思いますが、やはり海外からの賓客を迎える、国の迎賓館としてできた帝国ホテルですので、その原点を引き継いでいきたい。そして、いつもスタッフと話しているとき感じるのは、当たり前のことをしっかり当たり前にできるのが帝国ホテル、という自負への手ごたえです。これができるかできないかが、非常に単純なことですけれども、お客さまの評価につながるのではと。そこをしっかり全員で取り組んでいきたいというのが、原点の意味合いということになると思います。

——そのほかに、帝国ホテルの特殊性と言いますと?

定保　非常に月並みですが、九百三十一室の客室があり、レストラン、バーが十以上、宴会場が三十近くあるホテルというこの規模は、世界中にあまり見あたらないわけです。そういう自負心はたしかにありますが、たしか犬丸一郎社長が言った言葉だと思いますけれど、そんな大規模なホテルであるにもかかわらず、百室くらいのホテルにいるというふうに感じてもらうようにやろうよと。大規模を忘れていただくように、痒《かゆ》いところに手がとどくようなサービスをつねに心がける……この原点を目指したいですね。東京に行くならば、帝国ホテルに行きたいなと思っていただく、そういう目標というのでしょうか。

定保さんの言葉に、私はフランス香水とパリという街の雰囲気やフランス文化の関係を思いかさねた。フランス香水は、かつてフランス文化が世界中から尊敬されていたゆえに成立したという言い方ができる。帝国ホテルもまた、東京のグレードや魅力とリンクして息づいている。世界の名だたるホテルが東京に進出し、東京という類まれなる要素をはらむ都市への注目度が高まることと、帝国ホテルの価値とはつながっているはずなのだ。

その帝国ホテルに、日本人らしい〝痒いところに手がとどく〟サービスが存在すれば、原点である迎賓館的環境にふさわしい、あたたかな贅沢を味わってもらうことができる。総支配人である定保さんの、押しつけがましくない理念と目標は、古風と新風の最上のエレメントを融合させようとするロマンに満ちているようだった。

父上が航空会社に勤めていた関係で、香港で少年時代をすごし、ハンブルグに六年、香港に三年という海外生活のベースが、定保さんにはある。父上の仕事もホテルとかさなる旅行業界であり、そういうものを近くで見てきたことが、あるいは今の仕事に生きているかもしれぬと、定保さんは述懐する。

入社して間もなく定保さんは、客室のトイレ掃除、荷物持ち、ベルマン、鍋洗い、卵割り、野菜洗い、レストランのウェイターなどのいわゆる下積み修業の総仕上げで、上高地帝国ホテルで二か月ほど、皿洗い中心の仕事をした。そのとき、たまたま上高地特集のテレビ取材が入り、皿を洗っているところを映され、「皿は一日に何枚洗うんですか」といったような質問をされたあと、「将来は？　定保さん」とマイクを向けられ「帝国ホテル総支配人」と答えたという四半世紀前のエピソードが残っている。その画面にTシャツ姿で映っていた定保青年が、いま現実に百二十周年を迎える帝国ホテルの総支配人として私の前にいる。

「言ってみるもんですね」、と目をのぞき込むと、「もう、とんでもないやつでしたね」と、学習院大学出身らしいおだやかな含羞《がんしゅう》を、定保さんはその面立ちに浮かべた。

総料理長　田中健一郎

電車とヘラブナ釣りが生む傑作メニュー

総料理長の田中健一郎さんが、帝国ホテルに入ることになる発端は、一九五八年（昭和三十三）頃の「きょうの料理」（NHK）というテレビ番組に映った、ふくよかで白い帽子をかぶり、大きなひげをたくわえてにこにこ笑っていたひとりの男への少年らしいあこがれだった。その人が、当時の帝国ホテルの料理長であった村上信夫氏だった。ただ、少年は帝国ホテルの料理長というより、村上信夫氏のインパクトの強い〝洋食のコックさん〟のイメージに惹かれたという。

田中少年は、一九五〇年に浅草のかばん問屋の長男として生まれた。父母がともに夜遅くまで仕事をしていたせいで、妹二人のための食事づくりをしたというが、もともと料理することが好きなタイプだった。父は、長男が親の仕事を継いでくれると信じていたが、田中少年は中学卒業の前あたりで、すでに料理の道という自らの進路を決めていた。

高校卒業後に帝国ホテルに入社してからは、従業員食堂の仕事、〝鍋屋〟と呼ばれる鍋洗いから、野菜洗い、スープ屋さん、朝食屋さんなどの下積みをひと通り体験し、その後レストラン調理、宴会調理、上高地帝国ホテルの仕事を経験していった。

ただ、田中さんには帝国ホテルに入社したという自覚より、帝国ホテルの料理人になったという気持が強かったそうだ。私も、出版社である中央公論社に入社したとき、中央公論社の社員というよりも、中央公論社の編集者になったという気分があった。編集者も会社員というよりどちらかといえば職人気質の濃い仕事だが、料理人を目指すとなれば、さらに強い職人意識を抱いていたことだろうと、田中さんの気持にうなずくものを感じた。

田中さんが入社した翌年の一九七〇年に、帝国ホテルの本館が建った。そのために旧館の建物をこわしてから、本館が建つまでのあいだ、将来的に有望と見込まれた料理人が大使館に出向していたが、彼らが本館が建ったのをきっかけに帰って来た。入社一年目で、優秀なシェフたちに出会えたのは、自分にとって幸運だったと田中さんはふり返る。

一九七〇年代の半ばあたりから、フランスにヌーベルキュイジーヌという新しい料理のウェーブが生じ、フランス料理の古典的な料理法から素材主義へ……というながれがおこった。その頃、日本からかなりの数のシェフたちがフランスへ修業に行った。「シエ・イノ」の井上旭《のぼる》、「オー・シュヴァル・ブラン」の鎌田昭男、「ヴァンセーヌ」の酒井一之などの世代が、第一期だった。

その時代の留学は、飛行機ではなくシベリア鉄道経由で行った人が多かったという。現地へ着いても、金がないため一日一個のフランスパンをかじってしのぐというケースもあった。そんな状況の中で、日本人はふつうの五分の一くらいの給料でやとわれても勤勉で真面目、泣きごとや不平不満を言わずによく働いた。そういう先輩たちのおかげで、料理修業の地盤が保たれた……と田中さんは強調する。

田中さんがフランス留学に旅立ったのは一九九七年のことだったが、そのほぼ一年という短い期間の体験が、料理人としての軀《からだ》の芯にしみ込んでいるという。フランス人の料理に対するモチベーションの高さ、情熱、厨房の清潔さへのこだわりなども、現場でつぶさに見とどけることができた。そして、国自体がフランス料理を尊敬する、料理は文化であるという精神の浸透ぶりなど、想像以上の奥深さに、田中さんは素直に圧倒された。

さらに、多種多様な客層をもつホテル・レストランというものの、スタンダードであることの重要性と、個性的な街のレストランとのあいだにある、くっきりとした境界線もまた、説得力をもって思い知らされた。そのようにして、料理の本場フランスで具体的にあるいは精神として学んだすべてが、田中健一郎の料理人としての基盤と、総料理長としての姿勢をつくり上げている。

だが、帰国後に田中さんを待っていたのは、三十人以上の先輩をふくめて四百人の料理人がいる職場の調理部長と料理長の兼任という役職だった。料理長は、コストに関係なくとにかくうまいものをつくる、いわばアーティストのような存在だ。そして調理部長は残業や従業員の数などをつねに頭に入れ、コストを最重要事と考える……つまりアーティストにブレーキをかける立場なのだ。この相反する二つの役割を、田中さんは約十年もこなしたという。

「この両方をやるんですから、ひどいもんですよ。まあ、もともと二重人格の性格があるからできたようなもんで……」

と、田中さんは苦笑していた。ただ、この矛盾する二つの立場のバランスを、自己流に保たねばならなかった時間の中で、田中さんの独特の個性にいよいよ磨きがかかっていったのではなかろうか。会議で経営状況について細々《こまごま》とクールに話した何分か後に、料理長として「うまい料理をつくれよ」と料理場にホットなはっぱをかけるのだから、思っただけで身も心も分裂してしまいそうだ。それを同時にこなす人がざらにいるはずもないが、なぜか田中さんには可能な感じがした。いや、田中さんはそういうふうに思わせる御仁なのだ。

田中さんは、帝国ホテルのスケジュールに入ったさまざまな食事会のメニューを、つねに頭に入れて時をすごしている。だが、一か月前から考えつづけても、まったくそのメニューがまとまらないまま、日にちが近づいてしまうこともある。それがあるとき、神田駅から東京駅までの電車のひと駅のわずかな時間の中で、「全部いっぺんにまとまっちゃった」ことがあった。しかもそれは、「かねてからこういう料理をつくりたかったんだ」と思うくらいの傑作メニューで、実際にお客さまにも大好評だったという。

それは、四十年の経験のつみかさねや、抽出《ひきだ》しとしての知識、それに感受性や瞬発力などが合体して、いちどきにほとばしり出たのだろう。このようなケースは一度ならずあって、「ロックが外れてバアーッと出るような」と、田中さんは表現していた。この感じは、物書きの身として何となく分かるような気がした。問題は、ロックが外れたときほとばしり出るものが、いかに内側にたくわえられているかということなのだろう。

田中さんは、電車の中でメニューをまとめることは意外に多いが、メニューが浮かぶ時間がもうひとつあって、それは唯一の趣味であるヘラブナ釣りをしているときだという。「だから、釣りのときはいつもメモ用紙を持って、思いつくとメモしてる。まわりの釣人は、あいつ何やってるんだろうって怪しんでるでしょうね」と田中さんは首をすくめた。

釣りはヘラブナに始まってヘラブナで終る……そんな言葉を、かつて聞いたことがあったが、ヘラブナ釣りとメニューのかかわりを口走ったついでに始まった田中さんのヘラブナ釣り談義は興味深かった。

ヘラブナは篦鮒と書くから、篦《へら》のような形をしているのだろう。ゲンゴロウブナの人工飼育品種で、溜池養殖、釣堀用、放流種苗用などにする魚だが、釣人の田中さんはゲンゴロウブナを競技用に改良したゲームフィッシュだと解説してくれた。魚体は鯛と同じで背が高い。鯛も三段引きといって、かかってるときに三回、くっくっくっと上げるまでに三回突っ込むが、ヘラブナも同じだという。田中さんにとってはそのかかり味がこたえられないそうだ。

「ヘラブナってのは、釣っても食べられない。しかも一か所にずっと坐ってる釣りでね、体にもよくない。で、当たりが面白いんです。ぐんぐん引くとか大きいのを釣ったとか喜ぶのはまだ素人で、自分の餌をブレンドして、自分の出したい当たりを出せて針にかかれば、もうそれで満足。ヘラブナはね、グルメなんです。餌がまずいと尾っぽではねちゃう。ヘラブナ釣りの餌は基本的にブレンドですから、粘るもの粘らないもの、バラけるものバラけないもの、重さのあるもの軽いもの……それを自分なりにブレンドしていくわけです。ぼくはクジャクの羽使うんですけども、ぼくが餌つけると三つの目盛りが下がる。で、誰かが餌をつけると一つしか下がらない。それでもうヘラは食いませんから、餌のつけ方、おさえ方でまるでちがう。だから、隣りで釣ってる人に餌くれよって言われて渡しても、その人はぜんぜん釣れないんです」

私は田中さんのヘラブナ釣りについての話を、料理に置きかえながら聞いていた。見えない相手を想像しての餌の吟味とブレンドの工夫、餌のつけ方、おさえ方、当たりの面白さ、そして自分の出したい当たりを出すことができたときの満足感、など、敏感で神経質なグルメといったヘラブナへの対し方は、たしかに料理人らしいセンスだ。

田中　もうひとつヘラブナ釣りで好きなのは、釣りがきれいなんですよ。
――きれい……。
田中　要は、釣れば釣れるだけ釣っておみやげにとか、あのきたなさがないんですよ。ヘラブナを釣る人は、魚と環境をすごく大事にしますから、魚体を傷めないように針を返しもしないし、かかったらなるべく傷つけないようにあげて、針を手元で返して、そのまま放しちゃいます。
――そういう意味で、きれいなんですね。
田中　ぼくの女房の実家の近くに、神が流れる湖と書く神流湖《かんなこ》というのがあって、女房の実家へ行ったときはそこで釣るんです。そこがまた釣れるんですよ。ぜんぶヘラブナですから放して帰るんですが、ある日向こうのおやじさんと酒飲んでるとき、おまえは本当に釣りに行ってるのか行ってないんだか分からないと言われたんですよ。
――ああ、証拠の獲物を持ち帰らないからですね。
田中　そう言われて悔しいから、じゃあ、あした持って来ますと。で翌日、生きたままのヘラブナを三尾くらい濡らした新聞紙にくるんで持ち帰って、金だらいに入れておいたんです。実家の下に神流湖に通じる神流川が流れているから、あとでそこへ放そうと思いながら、酒飲んで寝ちゃった。で、夕飯のとき起こされると食卓の上に何か魚のフライが出てきた。食べたらおいしいんですよ、白身のかるい味で。

――それはまさか……。

田中　そのまさかのヘラブナで、釣って帰った魚をしめたものだと言われた。え！　これヘラブナですかって（笑）。

――おいしいってのはまずいんじゃないですか、ヘラブナの釣人としては。

田中　でも、おいしかった。それに、食べたんじゃなく、食べさせられちゃったんだし。食べちゃった以上は、味についても正直に言わないとね。


それから田中さんは、神流湖のエメラルドグリーンの美しさについて、陶然と語りつづけた。その純真さと茶目っ気にみちた表情に、やがて帝国ホテルのスタンダード料理をたばねる総料理長の色があらわれたのを見て、私はようやくインタビューを切り上げた。

村上信夫、下積み修業、フランス留学、調理部長と料理長の兼任、〝ロックが外れてバアーッと出る〟ようなメニューのまとめ方、帝国ホテルの料理が伝統を基盤にした総合競技であるという強い認識、そしてヘラブナ釣りへのこだわりと〝つい食べちゃった事件〟などのすべてが、田中さんの魅力をつくり上げる財産になって生きている。無邪気、誠実、貫禄、いたずら者、粋、男の単純さと複雑さ、豪快と繊細などがくるくると変化しながら、最終的にあたたかさが伝わってくる、田中総料理長はそんな人である。

客室課マネジャー　小池幸子

バスタブに体を横たえると、トイレの内側の汚れがよく見える

帝国ホテルへ足をはこぶことの多い人は、ロビーで客を迎えあるいは送り出す、明るく気さくな感じの着物姿の女性を、何度か目にされたことがあるかもしれない。彼女が、ホテル内で多く賓客・顧客と接する時間をもつ、〝特別社員〟でもある客室課のマネジャー小池幸子さんである。

一九四二年（昭和十七）埼玉県生まれ。六一年に帝国ホテルに入社、旧本館のライト館、東館と呼ばれた第二新館で、客室課メイド勤務。八九年に本館第一支配人となり、帝国ホテルで育児をしながらの女性管理職第一号となった。九七年、迎賓館担当客室マネジャー、帝国ホテルのアテンダント支配人となり、国賓の接遇に責任者としてあたった。二〇〇二年に定年を迎えたが、引きつづき特別社員として、賓客・顧客の接遇にあたっている……これが小池さんの入社以来今日にいたる、大筋な経歴だ。

この軌跡をたどるだけでも、小池さんが帝国ホテルのもてなしの現場における重責を、いかにながきにわたって担ってきたかが、手にとるように分かる。実際に話をうかがった小池さんの言葉にも、そのことへの強い自負心と充実感、それに責任感があふれていた。そして、つねに笑顔を絶やさずに語るその表情は、そのような重要な仕事をいまも担っていることの幸福感で、はじけるようにかがやいていた。

ただ、その明るい表情は、常人を超えるエネルギーと、人に語れぬ数々の辛酸が組み合わされたあげくに生まれたものであろうと、私は勝手に想像した。そんな小池さんだからこそ、ホテルのロビーという空間での着物姿を、自然なけしきとしてすんなりと納得させてしまう手品を、かるくこなすことができるというものだろう。

その着物姿について小池さんは、「帝国ホテルは、海外からのお客さまをもてなす迎賓館として開業したホテルであるということから考えると、着物でお客さまをもてなすことはごく自然なことであり、とても誇りに思っています」と語っている。ちなみに、小池さんの後輩であるゲストアテンダント（インペリアルフロア専任の客室課スタッフ）のユニフォームも、女性はすべて着物である。「ホテル内の日本料理店は別として、客室係のスタッフが着物で接客にあたるというスタイルは、日本のホテルの中でも、現在ではめずらしいかもしれません」、と小池さんは笑みを浮かべながら言っていた。その言葉にもまた、仕事に対する誇りと自信があらわれていた。

その誇りと自信の源となるもてなしの根本精神を、小池さんは先輩から受け継ぎ、後輩に伝える努力をつづけている。宿泊部という職場の家庭的なあたたかさの中において、日々このような縦の継承がおこなわれているというわけだ。小池さんは、かつて「帝国ホテルの顔」である総料理長だった村上信夫氏や、客室係の大先輩であり、八十代まで現役としての仕事をやりとげた先輩の竹谷年子さんから、日々の仕事を通して学んだ〝おもてなしの心〟を、後輩に伝えることを自らに課しているという。

ホテルのロビーと着物姿の融合は、実は簡単なことではない。一般的に言えば、ホテルに宿泊する客と旅館に泊る客には、そこで味わいたい空気において、微妙なちがいがあるのではなかろうか。大雑把には、ホテルでは洗練されたクールなサービス、旅館では家庭的なあたたかいもてなし、というふうに。

だが、これはあくまで平均的な特徴なのであって、ホテルにおける洗練されたクールなサービスの中に、人心地をおぼえさせるあたたかさがごく自然にかもし出されたとすれば、話は別だ。ホテルのクールなサービスという世界を、教科書的に学んでそれに徹しようとすれば、抽象的で人間味のとぼしい、冷たすぎる雰囲気をつくってしまうだろう。

私は、京都のある老舗の旅館で、何とも言えぬ居心地のよさを感じさせられたことがあったが、それは〝放ったらかし〟による極上の気分を味わわせてもらったせいだった。〝放ったらかし〟は一般的には旅館らしくないやり方と思われがちだが、そこから押しつけがましさのない、ホテルのごときクールな自由さが生じる。旅館としての完璧なしつらえ、もてなしが成り立った上であれば、〝放ったらかし〟は贅沢なおまけとなるのだ。

小池さんが、帝国ホテルのもてなしの中でかもし出そうとしているのはその逆、洗練されたクールなサービスが徹底している空間で、人間味のあるあたたかい心根を、宿泊客とのあいだに無理なく自然にかよい合わせようということではなかろうか。

着物姿は、その精神の第一歩ということになるのだろう。小池さんの〝おもてなし〟には、つねに人が人に対するときのあたたかさを、帝国ホテルの流儀をくずすことなく生かそうという、スリリングな試みがあるような気がした。

その〝おもてなし〟はもちろん臨機応変、これまでの経験則や独特の勘、宿泊客の心のありようへの観察力、人間という不可思議な存在への読解力などの総動員が条件となり、過ぎたるは及ばざる以上のマイナスを呼ぶのだから、彼女が自然にこなすことを踏襲するのは至難のワザにちがいない。小池さんが到達した「お客さまは十人十色でなく、一人十色」という境地は、客室課の新人にとっては、気が遠くなるほどの高い地平であるにちがいない。

客室課の仕事はおびただしい数にわたっているが、その中で客室の掃除は最重要の作業だ。前泊した客の痕跡を、いっさい残さないことが鉄則であり、これが〝おもてなし〟の大前提であると、小池さんは言う。「前泊客の痕跡を探るための教則本やマニュアルなどないから、自分の五感をたよりにするしかないんです」、と小池さんは言いきる。たとえばにおいは、数秒後には慢性化して何も感じなくなってしまうから、部屋のドアを開けた瞬間が勝負だという。嗅覚に全神経をそそぎ、におい対策を講じる必要があるや否やの判断を、一瞬のうちにしなければならない。換気設備がととのっている現在は、それほど頻繁に問題が生じることはない。だが、香水、葉巻、ルームサービスの料理の中の香辛料……それらのにおいが残っているのを感じた場合は、即座に脱臭機を稼動させる。さらに念には念を入れる意味で、チェックインの当日には、消臭スプレイを何回か定期的にまいて、前泊客のにおいを完全に断ち切る。

次は目のチェック……窓の指紋、壁のシミ、カーペットの汚れ、チェストの傷、時計の針の微妙な狂いなどのチェックをするのだが、ソファや椅子に腰掛けて、客の目線で集中的に見るという。そのさい、目線の動かし方を右回りか左回りかまで決めるというのだから、前泊者の痕跡を消すことには、徹底したプロの作業がともなってくる。椅子の坐り心地をたしかめる途中で、クッションが落ち込む〝座落ち〟を発見すれば、すみやかに修理に出す。

ベッドに寝てみて天井の亀裂を点検し、バスルームではバスタブに実際にからだを横たえて汚れを探す。バスタブからは、トイレの内側がよく見えるそうだ。トイレの掃除は、現在は柄のついたブラシやゴム手袋を使っているが、小池さんの新人時代は、素手で持ったヘチマですみまでごしごしと磨くことを先輩からおそわった。トイレ掃除がやっと終って、昼食にしようと思っていると、先輩からその部屋の掃除のやり直しを命じられたり、トイレ掃除についてはさすがの小池さんもかなりのダメージを受けたようだ。

ともかく、宿泊客がドアから部屋へ入る前には、客室課による徹底したプロの作業が終っているというわけだ。それでも、やがてそのつらい作業が小池さんにとって楽しい仕事に切りかわり、やりがいのある仕事になっていった。「だから、ほかの部署への異動など、一度も希望したことがありません」、と小池さんは笑顔で胸を張った。

私はその言葉を、禅寺で禅僧が行なう農作業や掃除などの労働が、仏道修行の原点として〝作務《さむ》〟と呼ばれることに思いかさねていた。そして小池さんには、帝国ホテルの〝おもてなし〟を極めようという高い志があり、それゆえに苦しみを楽しさ、やりがいに一転させることができたのだろうと思った。小池さんがバスルームを掃除するときの、着物にタスキがけのスタイルは、まさに作務衣《さむえ》ではなかろうか。

かつて高校卒業を前にした小池さんは、マリリン・モンローが泊ったホテル、ライト館のイメージなどへの、〝ミーハー的〟と自分でも言うあこがれから、帝国ホテルの試験を受けた。身長百五十七センチ以上、眼鏡は駄目という件はクリアできたものの、〝容姿端麗〟なる条件が確実にネックになると思ったというが、なぜかすっと受かることができた……と小池さんは述懐する。

そのときは犬丸徹三社長の時代だったが、その犬丸氏が訓示の中で、「客室に配属された方は幸せです」と言い、「なぜかといえば、きらいな掃除も好きになるというわけで」とつけ加えたという。小池さんについては、まさにその言葉通りになったわけだった。

しかし、それは苦しみやつらさを逆転させる並はずれたエネルギーと、生来の太陽のごとくかがやく明るい性格あってのことだったにちがいない。そんな小池さんにとって、帝国ホテルの客室課は天職と言えるだろう。そして、上層部にとっても彼女は、帝国ホテルの〝おもてなし〟の心を実践する現場の人としても、後輩へバトンタッチするための支柱としても、心強い存在であることはたしかなことだ。

だが、そんな小池さんにとっての快適な旅には、いささかネックがあるのではなかろうか……と私は小池さんの笑顔をながめながら思った。そして、どこかへ旅してホテルにチェックインし、バスルームや壁や窓ガラスをひと通りながめたあげく、大きく溜息をついてソファに背をもたせ、この件を係に注意すべきか否かを思いなやみ、ハムレット状態になっている小池さんの姿を、私は目のうらに思い浮かべていた。

2 ロビーという領域

両替用五千円札、千円札をポケットに用意

ドアマン　皆川孝則

帝国ホテルをおとずれる人が、まず最初に出会うのはドアマンだ。このドアマンの〝ドア〟は、帝国ホテルでは玄関に着けられた車のドアのことであり、玄関のドアのことではない。私などは、玄関のドアをうやうやしく開けてくれる役をドアマンと呼ぶのだろうと、ずっと思い込んでいた。もっとも、一般的なドアマンの解釈は、ドアの開閉や車への送迎を行なう男性……ということになっているから、あながちまちがいでもなかったということだろう。

かつての自動扉でないドアの時代には、ドアマンが入口ドアの開閉の役目をになっていた。その頃の帝国ホテルのドアマンは帽子と肩章が目立ついささか大袈裟な制服で、ホテルの門衛といったおごそかなイメージの服装だった。だが、近頃は帽子はかぶらずユニフォームも変化している。これも、時代の空気に呼応した対応なのだろう。

帽子や肩章はどこか軍隊のイメージが出てしまうので、そのようないかめしさから脱し、ウェルカムを表現しようとの方針から、二〇〇七年にユニフォームのデザインを変えている。このユニフォームの変更が、私のようなホテルにおじけづきやすい者が、親近感を抱くための要素のひとつとなったのはたしかだ。また、現代において軍隊的美学を踏襲するのは、いささか時代おくれの観が否めぬばかりか、そこにある種のコスプレ的雰囲気が生じ、フィクションめいた滑稽さがあらわれてしまう可能性もある。帝国ホテルのドアマンのユニフォーム・スタイルの切りかえは、時宜にかなった選択であると言えるだろう。

ところで、一日に四千台の車が行き交う帝国ホテルにとって、玄関における車の流れをスムーズにするドアマンの任務は、他のホテルとは一線を画するハードなものだ。帝国ホテルには十八人のドアマンが存在し、正面玄関と宴会場玄関の二つの職場に配置されるのだが、皆川孝則さんはそれを束ねるドアマン支配人である。

ドアマンには冬、夏、間服《あいふく》の三種類のユニフォームがあり、季節ごとに変えるのだという。室内でない場所という職場の条件ゆえ、体力の消耗を強いられる仕事だ。基本的には四十五分仕事をして十五分休憩というくり返しのシステムをとっているが、休憩の十五分が極端に短く感じられるという。実際、手洗いに行き汗を拭いて職場にもどるだけで、十五分はすぎてしまうのだそうだ。冬は背中にカイロという手もあるが、暑い夏に屋外での制服姿はこたえる。しかし、軀《からだ》に汗をかいても顔にはあまり汗が出ないようになってくるというから、まるで部厚い衣裳を着て優雅な演技をこなす歌舞伎の女形の世界である。

また、正面玄関にはタクシーの乗降が多く、宴会場の玄関は社用車や公用車が多いので、同じドアマンでも職種がちがう感じさえある。宴会場玄関には、宴席に出席する会長、社長、相談役などが、高級車で続々と来館し、それに対応するサービスとなるから、正面玄関におけるタクシーで来館する人々へのサービスにくらべれば、やはりキャリアが必要となる。したがって、正面玄関である程度のキャリアを積み、ドアマンとしてのノウハウをつかんでから、宴会場玄関の仕事をまかされるのだという。

宴会場のドアマンは、お客の顔と車両番号、運転手さんの顔などの、おぼえておかねばならぬことの数が、正面玄関とは比較にならぬほど多い。それを認識していれば、この人はどの宴席に……という見当がつけられて、それにそったサービスがしやすい。あるいは、VIPリストによって、非公式の会合がレストランで行なわれるといった情報を頭に入れながら、名前を呼んでよい人、いけない人、声をかけてよい人いけない人を見きわめ、通常のドアマンの役目をもこなしていくなど……それにはやはりキャリアを必要とする仕事にちがいない。

皆川さんの頭に入っているゲストの顔は千人ほどだという。新聞や雑誌に載ったゲストの写真を切り抜き、控え室で回覧し、情報を行きわたらせる。それにはすぐれた暗記力が必要とされるのだが、書いておぼえたり、お経のように声に出しておぼえたり、ドアマンそれぞれが工夫している。

皆川さんは、部厚いファイルを見せてくれたが、そこには玄関へ到着するお客の名前と顔写真、車両番号が記されているようだった。当人の顔はともかく、車両番号や運転手さんの顔などフロントでさえ関知せぬことであり、ドアマンはやはり特殊な仕事だ。正面玄関でも、さまざまな場所の道案内が必要であり、都心の主な会社の所在地やビルの名前などもすべて書き記してある。激変する街の最新情報を把握するのは容易ではないが、カーナビの普及が大いに力強い味方となっているという。

皆川さんは、休勤の日に地図を片手に街を歩き、目印の建物などの様変わりをチェックしていて、後輩にもそれをすすめている。無関係なビルの名前まで頭に入れ、アンテナを張りめぐらせ、お客の要望に対応する。日々勉強です……さりげなく言う皆川さんだが、そのように仕事を厚くしてゆけばお客との関係は濃くなり、濃くなればまたその先への期待が生まれて、それに応えることによって一歩先へすすむ。大規模なホテルだが、現場はつねに人間と人間の肌合いによって左右される、アナログの髄を極めるような場面に終始する。そこで一歩踏み込もうとするホテルマンの誇りをかけた現場の熱気が、帝国ホテルへの信用を生んでゆくという構造である。

アナログといえば、帝国ホテルのドアマンは、ポケットに千円札と五千円札を用意していて、一万円札を出したがタクシーの運転手さんに釣り銭の用意がないお客に、その一万円札を両替するのを習慣としている。これを当然のようにこなしている心根には、やはり帝国ホテルのドアマンとしての誇りがしみこんでいるはずだ。

さらに、車のトランクから荷物を出すときにかならず両手で行なうことの徹底さは、数かぎりない体験から学んだあげくのプロとしての教訓だ。重い荷物を片手で持ち上げてしまうと、かならず背中や腰を痛めるし、把手が壊れることがある。直前までは機能していた把手が、〝万年目の亀〟みたいに急に壊れてしまうケースがあるという。とくに外国人客の荷物は重いものが多いのだが、そこで把手が切れればもちろんホテル側が修繕を請け負うことになる。

それに、片手で引きずったため車のマットにすり傷がつけば、強いクレームを受けることになる。あわてて絨毯《じゆうたん》補修の専門家に修繕してもらい、結果的にはお客に納得してもらったという経緯が、入社後三十年という皆川さん個人の体験としても残っているという。「荷物を両手で持つ」ことをはじめとするドアマンのいくつかの心構えは、過去におけるそのような苦い体験のつみかさねによってつくり上げられている。この行動もまた、お客の荷物や車を傷つけぬよう配慮することによって、ホテル側のリスクを未然に防ぐこともふくめた、ドアマン独特のプロ意識によるものにちがいない。

さて、そんな現場を仕事場とする皆川さんは、仕事にからむストレスのガス抜きを何によってこなしているのか。それを聞いてみると、〝ゴルフ〟という答えが返ってきた。実際、かなりの腕前であるらしい。ところが、そのふつうの答えのあとの会話に、皆川さんの人柄がにじみ出ていた。

皆川　ええと、山の中にある本格的なコースならいいんですが、河川敷にあるゴルフ場などでプレーすると、まわりに車が見えるんです。そうすると、ゴルフやってる気分じゃないんです。

――あ、仕事の現場と同じ風景ということで……。

皆川　車に敏感に反応するというのは、ドアマン特有の感覚ですね。私の先輩なんですが、会社が終って疲れ果てて、私服でふつうの一般道路の横断歩道で信号を待っていたら、その前にタクシーがやって来て止まった。そうしたら、思わずそのタクシーのドアに手がのびてしまったと。ＯＮとＯＦＦがこんぐらがっちゃったんですね。ま、職業病ということでしょうね。

ドアマンに、視野がせまい人は向かないと言う皆川さんだが、河川敷でゴルフを楽しめないという件に関しては、ドアマンにふさわしい視野の広さがネックとなるらしい。帝国ホテルの中で唯一、〝外の仕事〟をこなしているホテルマンであるドアマンについての話を聞いて、さしたる用事もなく待合せのたびに玄関をおとずれ、そのたびにタクシーのドアを開けてくれるドアマンに接していながら、その人の内側にある心のけしきを、何も想像していなかった自分に、私はあらためて気づかされた。ごくわずかな接触の中で、瞬時の判断と行動力を駆使しながら、ドアマンは帝国ホテルの外堀をかためているのである。

ベルマン　二宮修平

人工呼吸用マウスピース携帯

ドアマンが玄関の外側で迎えたお客を、タッチするように引き継ぐのが、ベルマン。賓客などに対しては、専門の係が玄関外まで迎えるケースもあるが、荷物を持ちはこぶのはベルマンの仕事だ。レストラン担当やフロント担当ならば、仕事の場はそれぞれの限られた空間になるが、ベルマンはホテル全体をフィールドとする仕事であるから、ともかくよく〝歩く〟ことが特徴といってよいだろう。

それに、フロントでチェックインしたお客を、本館の近い部屋ならば短い時間ですむが、タワー館のもっとも遠い部屋へ案内するのには十分ほどかかり、その間の会話もむずかしいテーマとなってくる。会話というのも、ホテルというクールなサービスを基本とする空間であり、それも帝国ホテルという特別な環境となれば、ベルマンにとってかなり厄介な問題であるにちがいない。

そのあたりの意識のもちようを、ベルキャプテンの二宮修平さんから、いろいろと教えてもらうことになった。二宮さんは、文科系のソフトさと体育会系の敏捷さを合わせもつ感じのタイプで、たのもしいベルマンとして私の目に映る人だった。

フロントから部屋へ……このながれがスムーズに行なわれる場合はよいとして、週末などは、チェックインされたお客を、すぐに案内できぬケースもある。部屋の準備が終っていないこともあるが、そういう日はお客の数にくらべてベルマンの数が圧倒的に少ないので、他のお客を案内したベルマンがフロントへもどっていないこともある。十分以上ほど待たされる宿泊客も出てくるのだ。「そんなときは、ベルマンが〝お待たせいたしました。ご案内いたします〟と言った時点で、お客さまはすでに苦情のモードに入っていらっしゃるようなわけで……」と、二宮さんは苦笑いした。そんなケースにおける、エレベーターの中の重苦しい空気が、私の頭に浮かんだ。

基本的にはフロントから部屋まで案内するのがベルマンの仕事だが、外国人客の中にはベルマンを待つよりはと、部屋の鍵を受け取って自分で部屋へ行く人が多いという。日本人客には、ホテルの事情を納得して待つ人が多い。それでも、ながく待たされればそのあとにやはり不満が残る。刻一刻の時の中に生じる何らかの事情によって、序盤における宿泊客の気分が左右されてしまうのだから、ベルマンは神経が休まらぬ任務ということになる。

そして、外国人客にしても日本人客にしても、十人十色プラス一人十色というわけだから、相手の気分を瞬時において察知し、そのときの相手にふさわしい対応をこなすには、そのベースとしての人間学が必要となってくる。

実際、お客の中には、〝声をかけてくれるな〟というオーラを強く出す人もいるし、そのように見えて実は会話を求めている人もいる。同じ人でもその日そのときの相手の心理状態によって気分は千差万別だ。フロントから部屋までの五分、十分のあいだでそれを見きわめるのは至難のワザだが、ベルマンはその至難のワザを仕事として求められることの連続だ。ともかく、四十五名の陣容による帝国ホテルのベルマンは、そんな状態で任務をこなしているのである。「一人前のホテルマンになりたければ、まずベルマンを経験しろ」という言葉は、まさに強い説得力をはらんだ至言と言ってよいだろう。

——フロントから部屋までのそういった感触を、他の部署に伝えることもあるわけですか。

二宮　お客さまの具体的なご要望があれば、もちろんその担当部署に伝えます。それに、お荷物のお手伝い、宅配便の手続、車の手配などがベルマンの基本的な業務なんですが、ほかの部署であぶれた事柄……これも私たちにとっての仕事だと感じています。

——他の部署からあぶれた仕事、ですか……。

二宮　たとえば、お客さまが部屋に忘れ物をされて、それを成田空港まで届ける……こんな件の担当部署はありませんので。

――ベルマンが届ける?

二宮　はい。それにどこそこで買物をしてほしいというご要望……ホテルマンの仕事は基本的に館内で行なわれますから、そんな館外の担当はおりません。

――それもベルマンが。

二宮　はい。また、発病されたお客さまと一緒に病院へ行ったりですね。このまわりの救急病院はほとんど英語の対応ができますが、クリニックなどの場合は通訳代りも。これは私はまだ一度も使用しておりませんが……。


そう言って二宮さんが見せてくれたのは、ベルマン全員が携帯しているという、人工呼吸用のマウスピースだった。直接のマウス・ツー・マウスではなく、それを使用して人工呼吸をするのだが、全員が救命技能認定書と心臓マッサージの資格を持ち、それが必要となったケースには、ベルマンの誰もが対応できるという。

「これは帝国ホテルの特徴だと思います」

二宮さんは、誇りを内にひめた淡々たる口調でそう言った。そして、宅配便を測るメジャー、送料のお釣り、ドアストッパー、料金表、内線番号表、観光スポットや電車の路線図など館内外のさまざまな情報を記した手帳などを次々と見せてくれた。

――この手帳は手づくりですか。

二宮　ベルマンはむかしからこういう手製の手帳を独自につくって、自分の帝国ホテル辞書として使っていたんですけれど、いまはこれに代るよいものを会社がつくってくれて。

――便利になった……。

二宮　ただ、いまでも私たちは自分の手でつくったもののほうが調べやすいし、おぼえやすいので自前というか手製のものを使っています。これをつくりあげるために、いろいろ調べたりしたことが頭に入っているんです。頭に入っていますから開くことはほとんどないんですが、これはもうお守りみたいなもので。最初の頃は、先輩に毎週チェックされるんです、手製手帳のすすみぐあいを。入社何年目かまでは、お客さまのためにものをおぼえるというよりも、先輩に怒られないためという感じだったんですけれど、いまとなればそれが自分の力になっているのかなという。

――依頼されるか否かは別にして、自分の仕事を深めよう、広げようと思ったら、無限みたいなところがあるんですね。

二宮　私は十年ぐらいベルマンをやっていますけれど、お客さまからご要望を受けて、何かを調べなければならないことは、いまだにたくさんあります。

――お客側からのいちばん意外な要望の記憶というと何ですか。

二宮　大阪までパスポートを届けたというのがあります。パスポートを持ち忘れたままチェックアウトされ、その日に関西空港から出発しなければならないお客さまのパスポートを持って、新幹線に制服のまま乗って空港へお届けしたという……。

それは帝国ホテルの会員のケースだったというが、そのようなフットワークもまたベルマンに発生する仕事になってくるようだ。ベルマンたちには、さまざまな部署のかけ橋であり、ホテル内の血液の役目を担っているという自負心がある。そんな仕事を、みんな部活動のノリで、汗をかきながら楽しく、チームワーク重視でやっていると二宮さんは言う。

若い職場の四十五人全員が男性で、ほとんどのスタッフが二十代だ。その若いエネルギーで、団体百人の宿泊客がいれば、百個のスーツケースをあつかう。いちばんハードだった例は、三年ほど前に団体客のスーツケース千個のケースだったという。一人一日約四十件の案件をこなし、日勤で一万二千歩、十七時間勤務の夜勤なら二万歩近く歩き回る。スピーディでかつスマートな歩き方を訓練されているから、プライベートな時間でもつい早足になってしまうようだ。

ベルマンには、客室や料理のような〝売る商品〟というものがあるわけではない。お客とベルマンたちのあいだにある、暗黙の満足感や快感を求めるような仕事なのだ。

二宮　マニュアルがない分、もともと答えがないものを、自分たちの力で答えまでもっていけたときの喜びというのはあります。

――与えられたテーマに対して、自分流の作品をつくるみたいな感じですね。

二宮　そこがすごく面白い部分でもあります。このご時世、私たちの仕事は、別のホテルにとってはひょっとすると必要のないものになりつつあるのかもしれませんが、この帝国ホテルにおける私たちの仕事は、すごく重いものであると自覚しています。

そのベルマンの意外な仕事のひとつに、玄関前の朝一番の各国旗の掲揚がある。日の出から日の入りまで、滞在中のVIP客の国の国旗を掲揚する。ベルマンたちは、百九十三か国の国旗のカードを持っていて国旗を特定し、左側を最上位としてアルファベット順に掲げる。政府による「Yokoso! JAPAN」や鯉のぼりを掲げるのも、ベルマンの役目だ。

この場面は、ホテルの血液であるという自負を、朝一番で確認する意味で、ベルマンにとって重要かつ晴れやかな舞台なのだろう……二宮さんのさわやかな笑顔をながめながら、私は日の出とともに行なわれるその儀式のけしきを想像した。

フロント　八道慎一郎

部屋割りのコントロールは神秘のパズル

映画やテレビドラマにおけるホテルのシーンを思い浮かべれば、まずあらわれるのがフロントのシーンだ。フロントは front desk の略だが、受付や帳場の意味があり、客を迎えるホテル側からの最前線というニュアンスもからんでいる。私などには、チェックインの言葉から、関所というイメージもあったりして、いささかプレッシャーを感じる場所なのだ。チェックという言葉に、阻止する、抑制するという雰囲気を感じてしまうからだろう。

話を聞かせてもらったフロントのアシスタントチーフである八道慎一郎さんは、タワー館の客室係を一年半体験し、トイレ掃除やベッド張りをこなしたあと、希望を出してベルマンに異動した。

ベルボーイという存在に、八道さんは入社当時からホテルの花形のイメージを感じていたという。ちなみに、〝八道〟は〝やじ〟と読むそうで、これまでに正確に読んでくれたのは、同じ中国地方出身の二人だけだった。ホテルは旅と切っても切れない関係だから、弥次喜多の「東海道中膝栗毛」も思い浮かび、〝キタ〟さんという人がチェックインすれば〝ヤジ〟さんが対応すれば面白かろうなどと、苗字をめぐる冗談でまずは盛り上がった。

ベルマンの仕事を十年こなしたあと、フロントへ異動して、客室係のときの体験が生きているという自覚をもった。私などは、フロントこそが華やかな職場で、気取りや気持のうわずりが出やすい職場のように思っていたが、それはどうやら誤解であるらしい。何しろ、夜の騒音にいたる苦情の数々が、宿泊客から直に伝えられフロントに集まるのだ。

お客に接するのは、チェックインのさい「いらっしゃいませ」「こちらにご記入ください」と言葉を向け、宿泊日数の確認や食事の案内などの説明のあと、「○号室のお部屋でございます」と言ってベルマンにバトンタッチをするまでのごく短い時間でしかない。フロントはお客との接点が意外に短時間だ、というのがフロントに配属されたときの、八道さんの実感だったようだ。

ベルマンはチェックインから客室までのあいだ、お客と接することができるが、フロントはカウンターから外へ出ることもなく、迅速丁寧なスピード勝負が要求され、むしろ地味な職場だというのだ。

「お部屋を、どんどんお客さまに提供していくんですけど、全員が個人のお客さまではなく、団体のお客さまも入るわけで。約千室ある客室の中で、百室あるいは二百室は団体、あとはＶＩＰのグループですとか、その割り振りをコントロールする。この判断がけっこう……」

同じタイプの部屋でなければ団体客には不満が生じ、同じタイプの部屋を団体客に提供すれば、スイートルームやジュニアスイートなどに余り部屋が出てくる。その余った部屋を別の宿泊客に割り振る判断など、けっこう地味な仕事が重要であるという。

また、フロントはお金を回収する現場でもあるから、提供できる部屋と宿泊料の交渉など、他のセクションにはからまぬ金銭上のシビアな問題がともなう職場なのだ。私が想像していた、気取り、気持のうわずり、演じる気分などとは裏腹なフロントの仕事内容が、話の中で刻々と伝わってきた。

夜中のチェックインでスイートを希望するといったような、いったんは疑ってみなくてはならぬお客があらわれるケースもある。ホテルというのは、相互信頼を前提にした不思議といえば不思議な空間で、チェックアウトなしに帰られても、冷蔵庫の中の飲み物の申告がなくても、それをすべて完璧に把握できるとはかぎらない。善意のマナーと自己申告制のシステムの組合せであるから、そこからもれるケースが皆無とは言いきれないのだ。

また、帝国ホテルにはシングルルームはないのだが、ダブルルームとツインルームの選択もまた、厄介な問題をはらんでいる。外国人客は、大きいベッドを好むタイプが多く、そういう宿泊客が多いときはダブルベッドの部屋が不足してくる。逆に、日本人客は夫婦でもダブルベッドを使うケースが少ないから、ベッドが二台あるツインルームが埋まってゆく。

滞在中の宿泊客をのぞいた数百室の中で、ダブルベッドの予約が何件かなどを確認し、ダブルルームとツインルームの振り分けについての、その日の方針を立てる。その作業にはかなりの年季が必要だと、八道さんは言う。

「その宿泊客の状態が毎日ちがい、同じパターンではないので。その判断をするのになかなか時間がかかるんです。そういう部屋のコントロールができるまでには、下積みから入れるとどうしても三年くらいはかかる。九百室あって、普通の部屋で十種類あり、スイートは十五種類、ベッドのツインかダブルか、部屋の向き、バスルームのかたちなどを、ぜんぶ頭に入れてコントロールするわけです。そのコントロールのさい、ベルマンを体験したおかげで具体的に部屋のスタイルが頭に入っていたことが、私の場合はすごく役に立ちました」

フロントになるための修業期間は、とくに決まっているわけではなく、そのときの〝運〟で配属されるのだが、いきなりフロントに立ったとしても、お客に提供する内容に何の知識もないままでは、部屋のコントロールなどとうてい無理ということになる。八道さんのような遠回りは、実はフロントとしての財産を蓄積する時間となって生きてくるというわけだ。

宿泊客は、レストランの営業時間、モーニングコールなどについて、すべてをフロントに連絡してくる。そして、最後の支払いの場面で、滞在中の不満がフロントに向かって爆発するというパターンが、けっこう多いはずだ。したがって、そのクレームに対応するのはおろか、部屋のコントロールなど新人にとっては無理というものなのだ。

実は、ロビー側から見るフロントの裏側の部屋に、部屋割り全体のありさまが見渡せる画面というか掲示板のようなものがあり、それを何人かのベテランらしい人がチェックしている光景を、私は八道さんに会う前に見せてもらっていた。ロビー側のフロントのうしろで、彼らが部屋のコントロールをしているのだという。そのコントローラーの指示をもとに、フロント係の新人たちは、目の前の宿泊客に対応している。そのお客にダブルルームを提供するか、ツインルームを提供するかについてのコントローラーの選択などが、そうやって新人に伝えられているというわけだ。

――予約の受け方や部屋提供の選択などで、帝国ホテル独特のやり方があるんですか。

八道　多くのホテルでは、予約の段階でたとえば何々さん801号室、と決めてしまうんですが、帝国ホテルでは、うしろのコントローラーが、当日に決めていくケースも多いんです。たとえばチェックインの会話の中で、〝今日は結婚記念日〟〝今日は誕生日〟

などの情報を得たフロントは、うしろのコントローラーに報告する。コントローラーは、画面をチェックしながら、それなら少し広い部屋に……というふうに部屋割りする。あらかじめ部屋が決まっていないことの柔軟性、流動性が、そんなところに生きてくるんです。

これは帝国ホテルのむかしからの伝統で、もちろんフロントのうしろにコントローラーが存在して成り立つことであり、他のホテルにはないシステムであるという。このシステムは、帝国ホテルの規模の大きさとも関係していて、そうしないとカテゴリーの多さと客室の多さに対応できないという必要性から生まれたとも言えるようだ。また、かつてはチェックイン、チェックアウトがともに十二時だったので、どの部屋の掃除その他の準備ができているかが、当日でないと分からず決められぬことが多かった。そのような対処をスムーズに行なう必要性からも、このシステムは重要な意味を持っているのだ。

「いま、帝国ホテル会員さまのチェックアウトが三時、通常が十二時になっていますが、海外在住の会員さまは六時なんです。その部屋は六時まで使われるわけで、空いている部屋とは言えません。喫煙・禁煙、けしき、ダブル・ツインなどをチェックして、到着時間から優先順位を考慮したり、部屋割りのコントロールは、ほんとにパズルです」

体験をつめば自然にこなせるようになるが、予約のときの名前の確認についても、KONDOとKONDOH、TOYOTAとTOYODA、MIYAKAWAとMIYAGAWAなどを誤って入力してしまうと、コンピューターの端末をたたいても出てこない。そのような基本の部分を迅速かつ正確にこなすことが、フロントの仕事には要求される。体験をつんでも、一日三百、四百、五百とチェックインの仕事をくり返していれば、何件かはその手のミスが出てきてしまうことが皆無とは言えぬという。

それが、ベテランになってくると、お客と画面と周囲を見て、たとえば翌日のダブルの状況をチェックした上で、ツインでいかがですかと、臨機応変なセールスができるようになる。それによって、さらにその次の日の部屋割りの切りかえもできてゆく……まさに神秘のパズルである。そうなるとだんだん、自分で部屋をうごかしているという実感がわくようになるのだという。

「部屋を割っていても、はじめはまわりにコントロールされちゃって、部屋割りの意味もつかめなくて混乱するんですが、しだいに自分でコントロールしているというふうになってきて。そこまでには、やっぱり四、五年はかかるんです。そうなると、三日後、一週間後の部屋割りを頭に入れながら、現場の仕事ができるようになってくるので」

フロントとしての仕事もまた、上限のない技術とロマンがにじみ合い、どこか職人芸の神秘を感じさせられる領域だ。しかも、チェックイン、チェックアウトという緊張をともなう場であり、金銭を介して人間と人間がシビアに対面するアナログの場でもある。

取材のあとロビーのソファから打ちながめたフロントの華やかな舞台のごときけしきの上に、アナログとデジタルの複雑な糸によって織りなされる、複雑な模様がかぶさって見えたものだった。

エレベーターの中に活ける一輪の生花

スターター　太刀川　恵

帝国ホテルには八基のエレベーターがあるが、宿泊客はチェックインのあとそのエレベーターに乗り自分の部屋に向かってスタートする……そんな意味合いで、エレベータースタッフは〝エレベーターをスタートさせる人〟という意味でスターターと呼ばれるようだ。「スターター」を辞書で引くと「競技や列車などの出発合図をする人」「出発係」といった意が出ていて、ドアマンに招き入れられ、ベルマンに荷物をゆだね、フロントでチェックインをした客が、エレベーターに乗っていざ自分の部屋へ向かおうという気分にふさわしい呼称である。

そのエレベーターの前に立ってお客を迎えるさいのスターターの姿勢を、太刀川恵さんが実演してくれた。背筋をのばし、白い手袋をした両手を、おなかの前で左手を上にして組む。足は、真っすぐでなくハの字のような感じで少し斜めにして立つ。そして、お客が来ない場合は、ずっとこの姿勢のまま立っているのだという。まさに、スタンバイの体勢である。

エレベーターに乗るお客があらわれると、「いらっしゃいませ」と声をかけ、エレベーターが来るとその扉を押さえ「上に参ります」と肘を九十度に曲げ指をのばし、手のひらを顔側に向けて指し示す。また下りの場合は、手の指をそろえ斜め下を指し示す。そして、ドアが閉まると同時に、お辞儀をして送るのだが、お辞儀のときは足をそろえる。スターターはこの動作をくり返すことになるというが、英国の宮殿の衛兵のイメージが、ちらりと私の頭をかすめた。両者はまったく別の役割であり、スターターは番人ではなくエレベーターに乗る人の手助けをするのだが、ひとつの場所とセットになった風景として、私の中で唐突にむすびついてしまったのだった。

外国のホテルでは、あまりこのような役は見かけることがなく、ベルマンがフロントから客室までのサポートをしてくれるように思うが、エレベータースタッフは日本特有の領域なのだろうか。その疑問を向けてみると、

「日本でも、いまはいないのではないでしょうか」

という答えが返ってきた。外国のホテルにはなく、旅館から取り入れたシステムでもないスターターを、エレベーター前に配置したのは、きわめて日本人らしいもてなしであるのかもしれない。お客との接触はごく短い時間であり、荷物はベルマンが持っているのだから、主な仕事はエレベーターへの誘導ということになる。

エレベーター内の壁が鏡になっているのだが、そこにはつねに生花の一輪挿しがある。そのしつらえや生花の交換、一日に三回の水やりをするのも、スターターの仕事だ。とかく無味乾燥になりがちなエレベーターの中の一輪の生花は、お客の心を和ませ、いやすにちがいない。もちろん、その生花を一顧だにしない人も多いだろう。造花か否かを触ってためし、「あら、本当の花を使っているのね」と感心する人もある。そんな微妙なサービスに対して、たまに「いつもきれいな花があるわね」と言われることもあるといい、そんなとき、スターターとお客のあいだにかすかなる心の交流が生じるはずだ。

平日はともかく、土曜日や日曜日にはエレベーター前が混雑する。スターターとしては、一刻も早くお客をエレベーターに乗せてあげたい気持があり、ふつうは一グループは一エレベーターということにしているが、土、日となるとやや多めに乗ってもらうことになる。そんなときは、閉まりかけのエレベーターの隙間に手を入れ、内側のセンサーを押してドアを開きお客が入るのを待つのだが、閉まるドアに指をはさまれることもあるという。また、閉じかけのエレベーターを走ってまで追いかけることはさけ、かたちとして見苦しくない程度のフォローにとどめるのが基本だという。

何しろ、一日何千人という人が出入りするのだから、定員二十名である八基のエレベーターがすべて満員ということもしばしばだという。逆に、エレベーターを必要とする人が誰もあらわれぬときは、左手を上にしておなかの前で両手を組み、軀《からだ》を斜めにして足をハの字にするかたちを固めているわけで、いずれにしても見た目の優雅さのわりに、実は体力勝負ということになるようだ。

宿泊客を案内するさいにエレベーターのボタンを押すのはベルマンの仕事だが、車椅子を使用している人、荷物で手がふさがった人、高齢者の場合は、スターターがボタンを押す。また、混雑時であっても、言葉で指示するというのではなく、平等に順序よくご案内できるよう、お客に協力してもらう気持が大前提。顧客の場合などは、宿泊部屋の階数をおぼえているので、事前に階数ボタンを押す。そのとき、お客と一緒にエレベーターへ入って押すことをせず、早めにボタンを押して外で待つかたちにする。

VIP客の場合は、八基のうちの数基を専用エレベーターとし、スターターが一緒に乗って自動ではなく手動でその階まで行く。そんなときは、そのエレベーターは一般のお客に対してはクローズしているというが、スターターにとっては緊張する時間だ。何しろ、各国の首相、大統領、王室関係、日本の皇室関係、首相などの人々とともに密室の中で、躯をうしろに向けてはいるものの、至近距離に立っているのだ。新人のときなどは、その緊張によって上下のボタンをまちがえたこともあった、と太刀川さんは言っていた。

——そういうときは、やはり言葉は向けないんですか。

太刀川　基本的にはお辞儀をして、あちらから言葉をかけていただいた場合は、こちら

から も。
——言葉をかけられたら、さらに緊張してしまうでしょう。それに、賓客に背中を向けている状態なんだから。でも、スターターならではの特権的な体験ですよね。
太刀川　通常ではお目にかかれない方々がほとんどですので、ほんとうに貴重な経験です。

そのようなＶＩＰ客はフロントでのチェックインをすることはなく、ベルマンとても荷物しか目撃できない。そのように考えれば、スターターは特殊な緊張とともに、非日常的で贅沢な体験のできる仕事でもあると言えるだろう。

エレベーターの定員は二十名とはいうものの、それは混み合った状態で、大人数のグループ客のケースが多い。それ以外のときはお客同士の肩が触れ合わぬ程度の空間をのこすのが原則、雨で洋服が濡れているような場合は、乗客を少なめにする。人によっては、男性と一緒に乗るのを好まぬ女性や、決まった場所のエレベーターしか乗らぬ人などがあり、そのようなニーズをそれとなく察知して、瞬間の判断で対応する。名前も分からぬお客のそのような特性を、できるだけ感じとるよう、スターターは日々心がけているのである。

また、ＶＩＰ客のうごき、館内の宴会場での催しの内容や時間を把握し、すぐに案内できる心の準備をしているのも大事。それを閉まりかけのドアの内側から、急にたずねられることも多いので、瞬時に簡潔で分かりやすい言葉で案内をしなければならない。

――外国人客と日本人客のちがいを感じることがありますか。

太刀川　外国人の方は、レディーファーストを徹底されています。先に並ばれていても、女性、子供、高齢者、車椅子の方やお軀の不自由な方がいらっしゃれば、自然に順番をゆずってあとから乗られます。

――自分が先に乗ったほうが事がスムーズにはこぶという判断があったとしても、そのために時間がかかるとしても、やはりそういう人たちを先にするのがエチケットにかなったやり方なんですね。

太刀川　そうですね。

――日本人には、遠慮して先に乗る、先に降りる……といったような感覚があったりしますがね。

太刀川　ネームプレートをつけているホテルの女性スタッフと分かっていても、先に降りなさいという……そのあたりは徹底していますね。しかも、それをスマートにこなされます。

太刀川さんは、そう言って感心するように二、三度うなずいた。外国人客のそのレベルと日本人客の感覚には、まだ多少のずれがあるはずだが、その感覚のずれをあんばいする役目もまた、スターターには求められているのだろう。

こうやって、スターターはつねにきめ細やかな接遇を目指しているとはいえ、それがお客に伝わっているか否かがつかみにくい職場だ。フロントやレストランや客室係ならば、サービスへの礼状が届いたりもするが、スターターに……というのはなかなかむずかしい。つまり、お客の結果的な反応がつかみにくい仕事であるゆえ、ともすれば自己満足におちいりやすい、と太刀川さんはかみしめるように言う。たしかに、エレベータースタッフの名前を、お客におぼえてもらうことはむずかしいかもしれない。

エレベーターにしつらえられた、しとやかでありながら凜とした一輪挿しの生花が、そんな時をすごす帝国ホテルにおけるスターターの心意気を、ひそかにあらわしているようだった。

ゲストリレーションズ　渡部香里

何処へ行ったらいい？
何したらいい？

ゲストリレーションズは、インフォメーション、コンシェルジュにあたる職場の、現在の帝国ホテルにおける呼称だ。ホテルをつかい馴れた人にとっては便利この上ないセクションだ。コンシェルジュはチェックイン業務はしないが、ゲストリレーションズは一部の顧客のチェックイン業務もかねている。インフォメーションと呼ばれた頃は、カウンター端のキーボックスの前に立っていたが、現在はロビーの一角のデスクに坐って業務を行なっている。そのデスクには常時三人がついていて、観光スポット、レストラン紹介、目的地までの地図など、ホテルを利用する人にとっての、さまざまな便宜をはかる部署だ。そして、渡部香里さんはそのゲストリレーションズのチーフクラークである。

デスクをおとずれるのは、日本人客より外国人客のほうが多いというが、最近では日本人のとくに女性客が多くなったという。「いつのテレビかおぼえてないけど、ファッションの店が銀座にオープンしたっていうのを見たんだけど、何ていう店だっけ」といったケースもあり、料理店の情報にいたっては、インターネットで探しても見つからない店など、お客からの要望は際限がない。

——お客からの無理難題もいろいろあるんでしょうね。何しろ、仕事の範囲が決まってるわけじゃないわけだから。

渡部　仕事の範囲も種類も、毎日ちがいますね。季節によってもちがうんですね、桜を見たいとか、雪の中で温泉があって猿が見えるところだとか。

——それは探し出したんですか。

渡部　長野にあったみたいで、スノーモンキーとかいって。

——スノーモンキーねえ……。

渡部　平日の早朝などはビジネスマンの方が多いので、わりとスピーディなんですが、週末になると〝今一日あいてるので東京を観光したいんだけど、何処へ行ったらいい？何したらいい？〟みたいなケースがけっこうあります。

——本でも読みたいんだけど、何の本読んだらいい？　みたいな感じに近いな。それは答えに時間がかかりますよね。

渡部　二、三時間じっくりっていうことも。

――答えにくいテーマもあるんじゃないですかね、外国人客の場合は。

渡部　ロシアの年配のマダムに、日露戦争についての知識を問われたり。

――それはむずかしい質問ですよね、日本人のホテルマンにとって。とくに帝国ホテルだし。

渡部　むかし、外国人のお客さまが、缶ジュースの缶を持ってこられて、〝これ、どこで買える？〟と。

――自動販売機で、とかいうはなしじゃなくてですか。

渡部　実は、その缶をつくっている工場の人と交渉して、自分の国でつくりたいという。

――はあ……。

渡部　その会社を調べましたが、インターネットがない時代でしたので、たいへんだったと聞いています。これは後輩のケースですが、日本でチワワを買って自国へ連れて帰りたいと。そのお手伝いをしたんですが、何しろ提出する書類や空港での手続が煩雑で、ご本人が帰られて二か月後に届いたというご連絡をいただいたこともありました。

――その体験が、二度目に生かされた……なんてケースは考えにくいし。

渡部　それなどは〝特別手配〟の記録として残してはいますけれども。でも、チワワの二度目はありませんね。

渡部さん自身も、預かっていたはずの外国人客の国内線の航空券が、ホテル側のミスで見つけ出せずに大あわてした一件があった。その外国人客はやさしい人で「じゃ、チケットが届いていなかったんだよ」と、そのまま羽田に向かった。渡部さんは必死で探したあげく、まったく別の場所に保管されていた航空券を発見し、先輩の指示で制服のままタクシーで羽田に向かった。そして、羽田空港中を走り回って、新しいチケットを買おうとしている寸前に、その外国人客を見つけて手渡したとたん、思わずハグしてしまったという。

渡部さんは、インフォメーションと呼ばれていた時代に配属になり、三、四年目ぐらいで二つのセクションがゲストリレーションズとして統合されたという。つまり、同じ部署でのベテランということになるのだが、渡部さんによればこの仕事に関してはベテランになりようがないと言う。毎日ほとんど別のことをたずねられるから、という理由だった。

渡部　でも、何かをたずねられたとき、何をどういうふうに探せば出てくるかという抽出しが、つみかさねによってふえることはありますね。何をすれば答えが出てくるという、最短距離の道順を見つけられるようになると言うんでしょうか。

――それは渡部さん、けっこうご自分に合ってるんじゃないですか。

渡部　だから、こんなにながくいるんです、とか言って（笑）。でも、やることは毎日楽しいです。やっぱり、毎日ちがうことが起こるので。

――そうなると、一癖ある人とか困らせるような人は、自分の力を引き出してくれる源みたいなもので、親しみがわいてくるんじゃないですか。

渡部　そうなんです。最初はトラブルで怒られて、そのせいで名前をおぼえていただくこともありますので、それがきっかけで親しみをもっていただくこともあると思います。でも、そこで終りではないですから。次にまた同じお客さまに新しい難問が向けられてトラブルになる可能性は生きているので、日々どきどきです。

世界中を旅している外国のビジネスマンなどには、ホテルスタッフならネイティブの人と同じように言葉が話せるのは当然だという感覚の人が多い。したがって、ホテルスタッフがそのレベルに達しないのは解せないし、不愉快になるという場面も生じてくる。そんな場面を何度も切り抜けて、ゲストリレーションズのスタッフはタフになり、それゆえにさらに上のサービスが見えてきたりするのだから、お客との永遠の優雅なマッチレースということになるのだろう。

渡部さんは、高校生のときに留学先の国で、接客業をやりたいとふと思ったという。

それまでは、帰国して大学に進もうと思っていたが、あえてホテルの専門学校へ行ってホテルの勉強をするうち、帝国ホテルの存在を意識するようになった。何度も見学に来るうちその気持が強くなり、専門学校で猛勉強し、帝国ホテルかホテルオークラのどちらかの試験を受けるレースを勝ち抜き、迷わず帝国ホテルを選んで試験に合格した。

――そうやって入った帝国ホテルの、渡部さんなりの感触はどうだったんですか。

渡部　外から見ては分からなかったんですが、入ってみて感じたのは、人の親しみやすさが強くあって、パーソナルな接客をしているというイメージでした。

――一見敷居が高くてすごくクールそうだけれど、あたたかい人肌にみちているっていうことですね。

渡部　私のいままでの先輩方は、その人がいるから帝国ホテルに来るというケースが多かったようです。そういうのを見てきましたので、自分もそうなりたいと思って。自分がゲストリレーションズに坐っているとき、あなたがいるから来たんだよというお客さまをふやすのが、私の夢です。

渡部さんは、ロマンの先を見つめるような顔になったあと、茶目っ気のある笑顔にもどった。

それにしても、刻一刻に生じるテーマに、頭や軀《からだ》にたくわえた体験や技術からの学習を生かし、さらに人間対人間という厄介きわまりないリレーションをこなして、マイナスをゼロにしたり、ゼロにプラスを上乗せしたりする仕事もまた、マニュアルが成立しきれぬ個人芸の世界だ。同じ答えを出すにしても、十五人のスタッフがそれぞれ、自分流のプロセスの解き方でその答えにたどり着く……ゲストリレーションズの仕事は、人肌のある幾何学のような世界である。

ロビーマネジャー　平　久

ロビーサービスの潤滑油たる何でも屋

東京都内に外資系のホテルが相次いで開業し、二〇〇七年（平成十九）には日比谷にペニンシュラ・ホテルがオープンした。東京のホテル業界に、新たなる競争の時代が到来しているとも言えるだろう。

これに先駆けて、帝国ホテルに新しく発足したのが、ロビーマネジャーというセクションだった。これは、この〝新しい時代〟への対処としての、きわめて帝国ホテルらしい遠心力と求心力の強化策ではなかろうか。

ドアマン、ベルマン、フロント、スターター、ゲストリレーションズなどが、それぞれの持ち場を守るばかりでなく、経験、知識、技術を駆使する臨機応変のフットワークで、帝国ホテルをおとずれる人々への人間味あるより高いサービスを心がけ、展開している。それは、これまでのロビーまわりの担当者への取材で、十分以上に理解できたのだが、そんな各セクションの縫い目に生じる、見えにくい小波《さざなみ》に眼差しと神経を向けようという意志が、ロビーマネジャーの発足には込められていたはずだ。

そこで、平久さんに、ロビーマネジャーとは何ぞやから聞き始めることになった。私の頭の中では、この職務のイメージは、まだ白っ紙のままなのである。

「簡単に言っちゃうと、何でも屋みたいなところがあります」

平さんはまずそう言ってから、ロビーにはそれぞれの部署が点としてあり、そのすべてを点を線に、さらにその線を面につなぐ、ロビー全体のサービスのながれの潤滑油の役が、ロビーマネジャーだとつけ加えた。

「つなぐ役割ということは、各部署の補助をするかたちですので、ドアマン、フロント、ゲストリレーションズなどの補助をすべてやる。その意味で、言い方はちょっとよくないですが、何でも屋と」

それをこなすには、もちろん各部署の仕事を把握していなければならず、お客に関する情報も頭に入れていなければならない。その上で、ホテルと顧客の距離が近づいたのも、この新しい役割の設定による大きい成果だろう。

「顧客の重要視と言ったら変ですけど、お客さまのお顔とお名前を一致させて、ロビーにいらっしゃるお客さまにこちらからお声をかけてフロントに誘導させていただいたり、チェックアウトのときなどに〝何々さま、おはようございます〟とこちらからお声をおかけできるような……それはいままで徹底できなかったところだと思います。また、お客さまの情報を新人に伝えることも……」

と、平さんは耳にさしたインカムを示した。

「これ、ロビーマネジャーとドアマンやベルマンとが話のできる、共通したチャンネルにしてあります。いま、ドアマンのところに顧客のお客さまが到着されたとしますと、ドアマンからその連絡を受けた私どもが、フロントのスタッフにその旨を伝え、チェックインの用意をうながす。で、私どもはまたドアマンのところへ行ってお客さまをお出迎えして、〝何々さま、いらっしゃいませ、いつもありがとうございます〟というかたちでフロントまで誘導させていただいて、なるべくお待たせすることなくお部屋まで行っていただく。こういうながれも、これまでになかったロビーマネジャーが存在することの強みではないでしょうか」

もちろん、お客は十人十色、一人十色、その人、その時によって相手への接し方をするのが大前提だ。フロントでのチェックイン・アウトの補佐、ベルマンの荷物運びや預かりなどの補佐、ゲストリレーションズ・デスクの道案内、レストラン予約の補佐、大型宴会時などの車の誘導、タクシー乗客へのアシストなどドアマンの補佐、スターターの補佐など、さまざまな用件で来館するゲストを、最適な場所へと誘導する……その時どきに生じるこれらの仕事を加えることによって、各セクションの縫い目を溶かし、ロビー全体のながれをスムーズにする。

それぞれのセクションが、それなりに不都合なく機能しているのを自明のこととして、その上にプラスする何かを志向する……単純なクールさでも単純な近しさでもなく、それをこなすのは、経験値や気配りなどを超える、高度の領域である。

このロビーマネジャーの組織は、やはり各セクションにいた精鋭をあつめてつくられたという。精鋭を引き抜かれたフロント、ゲストリレーションズ、ベルマンなどの部署は、その欠員の影響を回復するまでに、やはり時間がかかった。そんな犠牲をはらってまで設けたロビーマネジャーの存在により、帝国ホテルが、一つ上のサービスができるようになったという実感をスタッフ一同が抱くようになったのは、およそ一年くらいたった頃だったという。

帝国ホテルは、ある意味で血をながしてまで、遠心力と求心力を合わせもつ職務の設立に取り組み、きわめてバリエーションにみちたサービスを志したというわけだ。この英断の中に、このご時世に逆行するかとも思われる、帝国ホテルの自負心があざやかに見えてくるのである。

——そもそも、ホテル業界にロビーマネジャーという名前は存在しなかったということですか。

平　ないです。

——すると、これは帝国ホテルで生まれた職種なんですか。

平　そういうことです。常時五、六名ほどいつもロビーにいます。

――これもまたマニュアルのない世界でしょうね。

平　やってみると、まったくないです。

とりあえずのマニュアルはあるのだが、フロントに異動したり、ベルマンに異動したときのような、マニュアルにしたがっての研修はいっさいないという。それまで培ってきたものを現場で出すわけで、経験をつんでゆくしかない。何しろ、これがロビーマネジャーの具体的な仕事というのはなく、仕事は〝生じる〟ものという感じなのだ。

「お客の誘導というのも大事な仕事になるんでしょうね」

お客の〝誘導〟というのは他の部署にない仕事だ。ロビーマネジャーは状況によってそれを行なう。ドアマンから引き継いだ誘導、徒歩で来館したお客のフロントまでの誘導などを、その場の空気に呼応するようにこなす。どんなとき何が起こるか、いつニーズが生じるか予測できぬ時間の中で、フロントなどとアイコンタクトをとりつつ、必要と判断するお客のための誘導をする。各部署を体験した精鋭でなければ、とうていこなすことのできぬ、抽象的とさえ感じられる仕事なのだ。

「ぼーっとしている時間は、まずないですね。つねにロビーのお客さまに意識と神経を向けて、こちらからお客さまにどんどんお声がけをしていく。お客さまのご要望を待っているのではなく、そこを一歩踏み込んで」

帝国ホテルという空間に緊張をおぼえ、自分が知りたいことでもちょっと聞きづらいという人は多いだろう。また、ホテルライフを高いレベルで楽しもうとする人にとっては、ロビーマネジャーからの自然な声がけはうれしいことだろう。外国人客などは、帝国ホテルのみに存在するロビーマネジャーの存在に最初は新鮮なおどろきをおぼえるだろうが、ロビーマネジャーとのコミュニケーションを、楽しい旅を実現するために積極的にとるようになるにちがいない。

また、ホテルの宿泊客にとって、〝待たされる〟時間は、とりあえずストレスやフラストレーションのもとになる。ところが、大規模なホテルでもあり、週末であるとか時間帯におけるチェックアウト、チェックイン時に、お客を待たせてしまう事態が、フロントやベルマンの努力にもかかわらず起こってしまうことがある。そんなケースで、お客にストレスを感じさせぬ環境をどこまで追求できるか……そのあたりにもロビーマネジャー設立にともなう高い目標がすえられている。

〝待たされる〟ことはマイナスだが、〝待たされない〟ことはプラス評価とはならずゼロにすぎない……そんな条件の中で、マイナスをクリアし、お客を〝待たせない〟サービスが重要である。にもかかわらず〝待たせる〟時間をゼロにするのは困難であるという環境だ。

ただ、〝待たされている〟という現実と、〝待たされていると感じる〟ことのあいだには、微妙な襞《ひだ》あるいは膜のようなものがあるのではなかろうか。その襞や膜の中へロビーマネジャーの微妙なサービスが入ってゆく……そんなイメージが浮かんできた。

――待っているのは同じだとしても、そこに何らかのコミュニケーションがはさみ込まれると、待っているのだけれど待っていることを感じない……人間ってそんなところありますからね。

平　ですから、お待ちいただいているあいだも少しお話を入れて。

――それによって待っている意識を消すという。

平　消すというよりつなげる役目というか。

平さんは、私の言葉を微妙に修正した。より適確な言葉で表現しようとする律儀さと一徹さが、そこから伝わってくるようだった。

フロントやベルマンのスタッフは、宿泊客が多いときは手薄になる。そんな場面の中で、お客を待たせないようにフロントやベルマンの補佐をし、部屋まで案内する。これは、帝国ホテルの規模であるからこそ必要であり、有効性を発揮するシステムで、客室が二百か三百程度のホテルでは、必要ないのかもしれない。お客とホテルのあいだに単なる事務的な空気が生まれないためにも、帝国ホテルにおいてはロビーマネジャーのフォローが心強い力となって生きてくる。

ひとりのロビーマネジャーの頭の中で、顔と名前が一致する顧客の数は、平均して五百人前後だという。顧客の顔と名前を確認し、その知識を皆で共有するシステムも活用されているという。その上で、顧客の氏名、社名、嗜好、車番などを頭に入れて満足度を高める一方、ロビーの巡回、不審物・不審者の発見、館内の美化など、ロビー全体の安全に気を配りつつ、突発的に生じるお客の補佐や誘導をして、点としてある各部署を、線と面でカバーし、サービスのながれをつないでゆく。気の遠くなるような仕事の連続だ。グラスいっぱいに注がれた水の上に、さらに水を注ぎ入れて膨れ上がった表面張力……そんなスリルある微妙なバランスを保つフィクションのようなけしきを、私は思い描いていた。

幼少の頃からあこがれていたホテルマンとなり、ロビーマネジャーとして選ばれた平さんにとって、帝国ホテルのロビーは充実できる空間であるにちがいない。その職務のシビアさについてたずねると、

「でも、人と話すのが好きなので……」

そう言って語尾に余韻をただよわせてから、平さんは、ハードな職務に終始する仕事人の表情の隙間から、ちらりと地の笑顔をのぞかせた。

デューティマネジャー　菅野和俊

千の顔を持つ表面張力的フェイル・セイフ

デューティマネジャーとは、聞き馴れぬ役職名だが、ホテル内での事件、事故にあたって陣頭指揮をとる最前線、いわばホテル全般の苦情対応責任者であり、総支配人の代行をつとめる重責だ。

ロビーマネジャーに〝表面張力〟のフィクションめいたイメージを思い描いた私だったが、デューティマネジャーはそこで成り立った〝表面張力〟のそのまた上の上に、雲か傘のようにそなえられる、楼外楼というか天外天というか、いささか想像のつきにくい皮膜であるかのように感じられた。

オン・デューティマネジャーと呼ばれたこともあったというから、ランプにONのサインが点滅したときが出番ということなのだろうか。トラブルの中でもハードな、あるいは剣呑《けんのん》な場面が思い浮かんでくるのだが、そのあたりを、デューティマネジャーの菅野和俊さんに聞いてみた。

「帝国ホテルの伝統と銀座という場所柄で助かっている点がありますね、暴力沙汰、色恋沙汰、酔っ払いなどの物騒なことについては。ただ、ぜんぜんないわけでもありませんので、年に数回ですが大捕物もやっておりますけれども」

と、菅野さんは懐の深さをあらわすおだやかな表情で言った。たしかに、新宿や池袋という場所にあるホテルとは街の雰囲気がちがうし、帝国ホテルという名前の抑止力も働いていることだろう。

ウィークデーの夕方までは各部署の責任者が在館しているが、土曜日、日曜日および夜間は、デューティマネジャーが最高責任者となるわけで、即断・即決の対応が求められる。したがって、三十年以上の経験をこなした者でなければ、基本的にはこなせない職務であるというのは、大いにうなずける話だ。

出身がフロント課長であったり接遇課長であったり、レストランの課長であったりという、キャリアをつんだ八名が二十四時間、二人ずつ交代で、デューティマネジャーの勤務をしている。帝国ホテルの利用率が高ければ、不測の事態が発生する可能性が高いから、気を抜くことのできぬ立場だ。基本的には、まず各部署の責任者、支配人が謝罪などの対応をするのが原則だが、それでも納得が得られぬときにデューティマネジャーの〝出動〟ということになる。

——苦情の種類でいうと、サービスとか食事などのうち、どれが多いですか。

菅野　お客さまが期待しておられたサービスでないというお叱りが多いですね。その部署の責任者の対応では納得なさらずに、社長を出せと。

——日本人は何かあると社長を出せと言いますからね。そうなるとデューティマネジャーの〝出動〟となるわけですね。

菅野　土曜であろうと日曜であろうと夜中であろうと、社長を出せとおっしゃる方は多いです。

——その苦情は、納得させられるケースが多いんですか、それとも首をかしげるようなケース？

菅野　首をかしげることも、たまにありますね。

——サービスへの苦情の前提として、その人の思い込みが基準になっているんでしょうからね。

菅野　従業員のレベルというものもあるのでしょうが、帝国ホテルとしてのサービスの提供はさせていただいているつもりでも、お客さまの勘ちがい、思いちがいによってトラブルになることが。

——具体的にはどんなケースが？

菅野　お部屋のタイプやお値段で、いろいろもめることは多いですね。ノンスモーキングのお部屋を予約したのにとれていない、エージェントを通じて三万円で予約したのにそれより高いとかですね。

──それは納得できるクレームではないわけですか。

菅野　いま、すべてコンピューターでやりとりしていますから、なぜそういうことが発生したかを確認していかないと、ホテルサイドのまちがいか、お客さまのまちがいか、あいだに入ったエージェントのまちがいかは、いちがいに言えません。しかし、結果的に応じきれないことは応じきれないとご納得いただくより仕方ありません。いますぐにはできませんが、明日からなら可能ですとか、一時間お待ちいただければお部屋をご用意できますとか……そういうネゴシエーションが必要になってきたとき、呼ばれるケースが出てきます。

たしかに、フロント係でもそういう交渉が得手な人も苦手な人もいるだろう。言葉のつかい方で納得したりしてくれなかったり、苦情を言う人もプライドをかけているだろうから、いったん苦情を口にしてしまうと、あとへは引けないことになりかねない。そういう場面では、やはりキャリアがものを言うことになるはずだ。

菅野　お客さまからのお叱りには、あらゆるカテゴリーのお叱りがあります。レストランの問題、施設、設備、それに宴会関係。
――宴会は厄介でしょうね。
菅野　宴会については、サービス内容の苦情が、主催者側のお客さまからあることが多いですね。宴会の場合は、支払われる金額も膨大ですし、ながい時間をかけて打合せしてきて、当日は二時間でそれを消費しなければなりません。主催者側のお客さまが、大切にもてなすべきご招待のお客さまに対して、サービスが行きとどかないという問題が発生すれば、やっぱりお叱りを受けますよね。
――その行きとどく、とどかないの境界線もまた、判別しにくい事柄ですしね。
菅野　でも、東京の帝国ホテルには約二千人の従業員がおりますので、本人は一所懸命にやっているつもりでも、お客さまにとってはまだ足りないということで、サービスに対してのお叱りは出てきます。
――その場合は、クレームが納得できるということに？
菅野　そこはむずかしいですね。しかし、納得できるレベルなら現場で処理できる範疇のクレームなんでしょうが、デューティマネジャーまであがってくるケースは、すでにかなり複雑なものがこじれていますから。
――お互いに引きさがれない場面での判断ということにもなるでしょうしね。
菅野　要するに、ホテルの利益を考えるか、お客さまの利益を考えるかというところで、非常にむずかしい判断をせまられることはあります。ホテルのポリシーや決まりによってできないことはたくさんありますが、その決まりを従業員に破らせるのもデューティマネジャーですし、なぜ決まりを守らなかったかと従業員を叱るのもデューティマネジャー。そのあんばい、これがむずかしいんですよ。

——あんばいか、これもあいまいな領域ですね。

菅野　それはやはり、経験から生まれてくると思うんです。何かが起きた場合に、どこで決着させるか……お客さまに怒りの状態のままチェックアウトされてしまうことは基本的にできないわけで、どこかで決着しなければいけない。従業員を叱ってすむのか、どう考えてもこれはホテル側のミスなので、お部屋代はいただけませんと判断する場合もあります。

——その判断を、お客と話し合っている途中ですることも……。

菅野　ですから、話し合いをしながら別のことを考えておかないといけない。どこで決着がつくかを考えておかないと、いつまでたっても話し合いがつかないので。

帝国ホテルには外国人客が多いが、外国人客はそういう場合にあやまるだけでは納得しない。そういう意味では、きちんとしたロジックの上に立った対応のノウハウを身につけていなければなるまい。そうすれば、失敗がチャンスに切りかわり、誠意ある対応が新しい顧客を生むきっかけともなる。逆に、声なきクレームがもっともこわいのであり、不満を言いやすい雰囲気や機会をつくることが大切だ。クレームの処理というよりも、誠意ある対応の真の目的は、お客との信頼関係をきずくことであるというのが、菅野さんの自負でもあり、帝国ホテルの精神でもあるようだ。

「外国人のお客さまは、誰が責任者なんだというところからスタートします。私が責任者だと言えば、それではおまえと話をすると。やはりジェントルマンです。そして、できるかできないかをきちんとお話をすれば、分かっていただけます。それでぴしっと終わる、後くされもないです」

しかし、日本人客の場合にはいささか趣がちがい、〝社長を出せ〟のセリフに代表されるセンスもあり、クレームと説得のネゴシエーションが成り立たぬことが多いにちがいない。クレームをつけた段階で、すでにホテル側との折合いをつける気持を捨てているようなところもあって、〝怒ったままチェックアウト〟は、あり得る事態なのだ。

ただ、これもまた複雑なテーマで、日本人のホテルライフの後進性と見るのはたやすいものの、気に入らなくても料金は払い、そこへは二度と足をはこばぬという、日本人独特の店とのつき合い方に発する分かりにくい美学とも通じていて、いちがいに切って捨てるのは乱暴ということになるのかもしれないのだ。この国の土壌に生きている心根とかかわっている問題でもあり、この件については、これから先の見守るべきテーマとして見すえておくべき問題という気もするのだ。

それはともかく、デューティマネジャーの仕事が発生しないにこしたことはない。それには、従業員がまずお客が期待するレベルの高さを見抜くことが不可欠ということになる。多様なカテゴリーのお客が存在し、団体客、バスで到着する人などさまざまだ。それらの人々が、それぞれのレベルの期待をもって帝国ホテルをおとずれている。その全員に同じサービスをすることよりも、それぞれの人の期待値を、まず見抜いて対処するべきだ、と菅野さんは言う。

「それで、それに紙一枚を乗せたサービスをしなさいと」

紙一枚乗せなさい……これは見事な言葉だと感服した。ここにもまた別な意味で、水面に膨れあがる〝表面張力〟が垣間見えるのである。

それぞれの人の期待度の見抜き方、見きわめ方は、やはり経験によって身につけるしかないと、菅野さんはくり返した。その修業は、話の好きな人と、あまり話をしたくない人の区別の、一瞬の感得あたりからはじまるのだろう。

そういう経験値がゆたかなひとりのデューティマネジャーには、マネジャー、警察官、若手の教育者、防災の責任者、病気関連の対応、苦情処理係、その他おびただしい貌《かお》がある。デューティマネジャーは千の顔をもっていると言われるゆえんである。その千の顔がひとつも機能しなければ、それがデューティマネジャーの理想であるというパラドックスも成り立つのだが、そうなればそうなったで、その上に乗せるべき紙一枚の役割を探してしまうのが、デューティマネジャーたる者の業《さが》とでも言うべきものであるのだろう。

それにしても、帝国ホテルのロビーに配置されたドアマン、ベルマン、フロント、スターター、ゲストリレーションズなどが、各部署の範疇を領域とする仕事から一歩踏み出す精神をもとに、それぞれの瞬時の判断、臨機応変の応対をこころざして、意識と神経を縦横に張りめぐらせている構図は見事だ。その上に、ロビーマネジャーとデューティマネジャーという、二つの縦横無尽のフェイル・セイフ機能をそなえた布陣には、圧倒されるばかりだ。

そして、それでもそこからこぼれ出るかもしれぬ、人間と人間が触れ合うことのスリルの気配が、ロビーの精鋭たちに日々刻々と刺激を与え、それゆえのやりがいを生んでゆくのだろう。

3　レストラン・バーという領域

オールドインペリアルバー　早津明人

魅力的な大人の坩堝《るつぼ》たる〝柿ピー〟発祥の場

早津明人さんは、帝国ホテルの中で私がもっとも数多く足を向ける場所である、メインバー「オールドインペリアルバー」の支配人だ。何度か顔を合わせているのだが、バーという空間の中にいるときと、いま目の前にいる早津さんとでは、別人とまではいかないものの、その印象に微妙な変化があるような気がした。オールドバーという早津さんの仕事場は、ある意味で舞台のごとき空間であり、早津さんは、そこにかもし出されるかすかなるフィクション性につつまれて仕事をしている。

その舞台からはなれた早津さんには、持ち前のクールな表情、抑制のきいた言葉づかい、良質な緊張のただよう雰囲気は同じでありながら、フィクションの衣をそっと脇においたような、年齢にふさわしい若々しさがただよっているように感じられた。オールドバーはたしかに酒の場ではあるのだが、そこにいる者に静逸な気分を与える独特の空気感がある。そんな中で、仕事をする従業員と客の組合せが、独特のフィクションをつくりあげているのである。

だが、〝メインバーにはざっくばらんの花が咲く〟といった一面もまた、オールドバーにはあって、それぞれの客がそれぞれの流儀で、自然体の気の弾みや愉しみを発散している場所でもある。したがって、緊張を強いられる空間ではなく、大人の無邪気さが満開していると言ってもよいだろう。その〝大人の無邪気〟と〝舞台のごときフィクション〟の絶妙の溶け合いが、オールドバーのこたえられぬ風景をつくりあげている。

そして、それぞれの席のあいだには目に見えぬ膜のようなものがあって、お互いにその膜を破らぬという暗黙のルールが、意識してでなくBGMのようにながれているといったふうだ。私は、カウンターにひとり陣取って、そのような風景を、贅沢な酒の肴のようにながめては、グラスを口にはこぶことが多い。

早津さんたち従業員もまた、時おりその空間に生じる目に見えぬ膜のほころびを気にしながら、プロとしての仕事にいそしんでいるわけだが、私と同じように、見事なお客のありようを、そっと目にとどめるひそかなる楽しみをも抱いているにちがいない。

――オールドバーらしい、独特の雰囲気を感じることは多いですか。

早津　そうですね、独特の雰囲気、あると思います。

——その雰囲気がそこなわれたりすると、やはり気になりますか。

早津　ただ、店ってお客さまがつくる雰囲気が大きいと思うんですよ。私も若い頃から、お客さまに育てられたほうが大きい部分がありますよね。まだ四十三歳ですけど、二十代で入ってしばらくは、ほとんど自分より年上のお客さまばっかりで、極端に言えば自分の父親ぐらいの方々に、いろいろ教えていただいたっていうのがありますからね。

——そういう意味では、従業員の立場から言っても、特権的な場所なんでしょうね。

早津　ふつうは営業マンが直接社長にはお目にかかれない。でも、オールドバーは逆に社長の身分の方がお見えになって、その方と直接お話ができるんですから、特権的な場所と言えるかもしれませんね。

——お客さんに何かめずらしい言葉を向けられたケースで思い出すことは？

早津　カウンターの上に丸いスポットライトがあたるバーは、あまりないんじゃないかと思うんですが、そのスポットライトを見て、不思議なことを言うお客さまがいらっしゃいまして。カウンターには木目がありますよね、そこにスポットライトがあたると丸い光の輪ができます。それをごらんになって、これは木星だって言われたんですよ。木星……黒点みたいなのがあって、そう言えば木星に似ているなと。そう言われるまで気づかなかったんです。すると、そこに宇宙があるような。今度見てください、木星に見えますから。

——今度、その宇宙はぜひながめてみます、すごい酒の肴だ……。ところで、オールドバーの名物の「柿ピー」についてうかがいたいのですが。
早津　ピーナッツ・ギヤマンというガラスの器に入れてお出ししている柿ピーは、新潟産の柿の種と茨城産のピーナッツを、一斗缶を使って七対三の割合で混ぜ合わせたものです。戦後GHQに接収されたとき、外国人の方にピーナッツを出していたらしいんですね。ただ、それだと結構コストがかさむというので、当時の支配人が話し合って、柿の種を混ぜたらどうかと。それが、日本ではじめての柿ピーの誕生。
——それがいまや、巷のバーの定番みたいになった……あれはウイスキーに合いますからね。その発祥には経済的理由もからんでいたんだ（笑）。オールドバーで出すカクテルは何種類くらいですか。
早津　基本のカクテルは二百種類くらいですね。

帝国ホテルのバーテンダーは、お客に対して躯《からだ》を斜め四十五度に向けてシェーカーを振る。万が一手もとが狂っても、正面のお客にかからないためだという。心臓を中心に上下、上下と前に突き出すように、リズミカルにシェーカーを振る。注ぎ終りは、手首をつかってシェーカーを回すようにして、水滴を切る。ただ、バーテンダーは機械ではないので、同じレシピでつくっても、シェーカーの振り方、まぜ方などで微妙に味がちがう。また、メジャーカップを使わずに、目で分量を量るやり方だから、バーテンダーによっても味が異なるし、同じバーテンダーでもその時どきに微妙な変化があるというわけだ。「何々くんのマティニー」と注文する客を何度か見たが、好みに合うバーテンダーも、もちろんお客によりそれぞれだ。カクテルはまさに生き物であり、ライブ感覚満点の飲み物である。

別なお客のためにシェーカーを振るバーテンダーのうごきが、グラスワインやウイスキーのオン・ザ・ロックを飲む私にとっても、大いにながめがいのあるけしきとなっている。また、オールドバーのいちばん奥のカラーの壁と、バーテンダーのうしろの壁の素焼きレンガは、フランク・ロイド・ライト設計の建物を取り壊したさいに残されたものだという。ライト設計の建物の改築のさい、壊されたレンガを缶詰にして売るプランを北杜夫氏が考えて、けっきょくは実現しなかったという噂がながれたことがあった。缶詰にしてとっておきたい気持は、いまとなっては分かるような気がするのだ。

それに、ライト特有の六角窓が、壁の一角にあしらわれている。帝国ホテルを肴にカクテルやウイスキーを飲む場所というところにも、オールドバーの特別性というものがあると言えるだろう。

そのバーのカウンターの奥には、白黒画面テレビが備えつけられているが、ふだん画面が映し出されることはなく、大相撲中継がある六場所の十五日間だけのためなのだ。奥に近い三席ばかりには、ファンのご常連が陣取り、黙々と大相撲観戦をしている。音を消したテレビ画面に映し出される勝負に、軀をかすかに反応させ、拳をかるく握る仕種などから、静かな興奮が見てとれるのだが、相撲に興味のないお客は、そこにテレビがあることさえおそらく気づいていないだろうという、これもオールドバーの手品のひとつということになる。ちなみに、そのテレビ画面に映し出されるのは大相撲中継のみ、プロ野球、甲子園の高校野球、競馬、サッカー、オリンピックのときもテレビは切られている。

——あそこの三席くらいは、ふつうのお客はちょっと近づけませんよね。

早津　いまはスポットライトを操作するのは一つのボタンですけれども、以前はボタンが三つあって、三分割でカウンターのライトをつけたり消したりしたんですね。で、いちばん奥の席だけ三時から消して暗くして、ボトルとコースターを置いていつでもOKという準備をしておくんです。

——一般の人がそこへ坐るのは、ちょっとおじけづくというか勇気がいるというか遠慮するというか……。

早津　一般の方はそれをごらんになって、ああ、ここはそういう方の席なんだなっていう……席からオーラが出てるんじゃないでしょうかね。ですから、仄暗いその席と次の二席くらいがあいていても、坐りたいっていう人は誰も。

——面白いですね、帝国ホテル流の粋な暗号ですよね、言葉や文字で伝えるわけではないですから。

早津さんは、千葉県松戸の出身で、高校二年生くらいから、アルバイトでカクテルの勉強をしていたが、その頃からホテルのバーテンダーに恰好よさを感じていた。コックはお客の目の前でなく裏で調理する仕事だが、バーテンダーはお客の目の前で、カクテルもつくるし対話もする。そのありかたが恰好よさとして、早津少年の目に映ったのだった。そのあこがれが現実となってみると、帝国ホテルという立場を背負っているから、当然プレッシャーもあるがやりがいもあるし、うまくいったときの喜びも大きいという。そして、カウンターの奥の席で音の出ない白黒画面のテレビの中の大相撲を観戦するご常連をはじめとする、父親以上の年輩のお客たちを間近で見ることから学び、身につけたこともたしかに多いことだろう。

そんなことを思っていた私の頭に、記憶の中から立ちあがってきたひとりのご老人があった。そのご老人は、やはりカウンターの奥の席に陣取る大相撲ファンのひとりだったが、私にとっては帝国ホテルのオールドバーとホテルオークラのオーキッドバーでよく見かける人だった。

中折れ帽のような帽子を額を丸出しにしてあみだにかぶって、黒ぶちの眼鏡を額へ押し上げ、ふくらんだ腹を通りすぎ胸の上まで深くはき上げたズボンを洒落たサスペンダーで吊り、両手で持った新聞をのぞきこむように読んでいる……そんな姿として私の目には灼きついている。

どこの誰とも分からぬが、おそらく有名な会社の会長か顧問、あるいは相談役といったイメージで、どこか往年のハリウッド映画の味のある脇役スターを思わせる風情があった。そして、ホテルのメインバーにおいては、何代か前のバーテンダーよりも古い時代からカウンターのけしきを演じつづけているのだろう、と感じさせる風格があった。

いっとき、定番の席にそのご老人の姿がなかった時期があった。そんな移りかわりに、たまにしか足を向けぬ私が気づくくらいだから、ご老人がカウンター席にいる姿は、日常的風景だったのだろう。姿が見えなかったのはご病気のせいか……とその老齢から私は想像していた。

そしてある日、夕方に帝国ホテルのオールドインペリアルバーへ行ってみると、カウンターの奥の席にご老人の姿があった。あみだにかぶった中折れ帽、丸く太い腹、洒落たサスペンダー、のぞき込む新聞……お馴染みのハリウッドの脇役スターのカムバックに安心して、私はウイスキーのオン・ザ・ロックを注文し、柿ピーをつまみつつちびりちびりとやりはじめた。

バーテンダーが振るシェーカーの音、テーブル席のお客のおだやかな話し声などが、いつものオールドバーらしいテイストをかもし出し、夕方から夜へ向かおうとする外界の空気と歩調を合わせる気分が、心地よくわいてきた。

するとそのオールドインペリアルバーの雰囲気に破れ目をつくるかのごとき、甲だかい声が私の耳を刺激した。一瞬、何人かいたお客の会話が途切れ、時間が止まったような気がした。だが、それはほんの一瞬のことであり、オールドバーはすぐにもとの空気にもどった。私は、何かが起こって空気がもとにもどるまでの時間の記憶を、スローモーションに切りかえ何度も巻き返してみた。私の耳を刺激し、他のお客の会話を一瞬止めた甲だかい声の主は、あきらかにカウンターの奥のご老人だった。そして、その声が発せられたのと同時に、カウンターの内側からひとつの影がご老人にすーっと近づき、甲高い声とスイングする感じの会話を向けたかと思うと、すぐにスムーズな言葉のやりとりがはじまった。人影は、オールドバーのバーテンダーだった。ご老人は、同じように甲高い声を発するのだが、バーテンダーはそれをいっさい聞き返すことなく、即座に受け答えをして、ご老人に話を向ける。ご老人が上機嫌に笑っていたから、バーテンダーはおそらくジョークまじりの言葉でも発していたのだろう。そして、そのあたりで両者の会話は完全にスイングし、私の耳にも別のお客の耳にも違和感を与えることがなくなった……それが〝ほんの一瞬〟を、スローモーションで何度もたどりなおしたあげくの私なりの分割的解明だった。

しばらくあとで聞いた話によれば、そのご老人は脳梗塞を患って手術し、手術は成功して命はとりとめたものの、その後遺症として言葉の不自由さが残ったのだという。それでも軀が快復すれば、馴染みのカウンターで夕刻のいっときをすごすことを再開したくなる。そこで、ふたたび姿をあらわしたご老人の言葉の不自由さを知ったオールドバーのバーテンダーが、一度も聞き返すことなく、機嫌よい会話をつづけられるよう、ご老人の言葉を解読する訓練をした。その結果が、私が記憶をスローモーションで巻きもどしたシーンになってあらわれていたにちがいなかった。

ホテルのバーらしい伝説的シーンだ……と私は思った。そのご老人はたしかにＶＩＰ待遇の方だったのだろうが、おそらく上司からの方針とはかかわりなく、バーテンダーがカウンターの職人として、阿吽《あうん》の呼吸でそれぞれの対し方をあみ出していたのだろう。私はご老人とバーテンダーとのこのような場面を、帝国ホテルのオールドインペリアルバーとホテルオークラのオーキッドバーで、一度ずつ見かけたのだった。それはきわめてホテルの〝メインバー〟らしい、常連客のプライドをカバーするやさしさにちがいないのである。

その話を向けてみると、早津さんは何かを思い出すふうにうなずき、「その方はステッキをついていらっしゃいませんでしたか」と、私の目をのぞくようにして言った。

――たしかにステッキがカウンターに引っかけてあるのを見たような気がしますけど、ご老人が歩いているのを拝見したことはないからなあ。ぼくにとっては、いつもカウンターの奥の席に貼りついた風景みたいな方だったから。

早津　あのステッキ、パターなんですよ。
――パター？
早津　ゴルフのパターを逆さにして、ステッキ代りに持ってらしたんですね。
――それはおどろきだ。お茶目なセンスでもあるし、サービス精神でもあるんでしょうね。やっぱり、オールドバーならではのご常連だ。
早津　そういうお客さまを間近で見ることができるし、一個人として接客できるセクションって、ちょっとないと思うんですよ。やっぱり、七十二席しかなくて、満席でも五、六十名という空間でありキャパなんですよね。で、スタッフが八、九名おりますので、自然にいいサービスもできるし、間近でお話もできるしという。
――空間が広がるというよりつつみこまれているから、いろんな気遣い、心遣いがとどくんでしょうね。
早津　お客さまがつくる雰囲気に合わせて、こっちもいい雰囲気をつくるっていうふうに、一体となってバーをつくっている。それが、ほかのセクションにない空間というか、スタイルなのかなと。

たしかに、バーのカウンターは、バーテンダーと客と〝合わせて一本〟というところがある。帝国ホテルの〝メインバー〟たるオールドインペリアルバーへやって来る、目的のまったくちがうお客たちに向ける、習練した技術の上に即興的な対応をこなし、自らも風景のひとつとしての役割を演じるのが、バーテンダーの仕事であり役どころなのだ。ここもまた、虚と実が溶け合った職人芸が花ひらく、帝国ホテルの中の帝国ホテルという舞台なのである。

インペリアルラウンジ アクア　勝又康浩

三昧三体の舞台空間で学ぶ人間学

勝又康浩さんの職場である「インペリアルラウンジ アクア」は、帝国ホテルの十七階にある、イギリス人のジュリアン・リード氏の設計による、バーコーナー、ラウンジコーナー、個室の三つのブロックに分かれる、〝三つの顔を持つ店〟という空間だ。かつて「レインボーラウンジ」と呼ばれていたところを改修して、お客の三つの要求に応える空間として二〇〇四年にお色直しされた。

しっとりと飲みたい人はバーコーナー、十名ほどのグループ利用には夜にジャズの生演奏のあるラウンジコーナー、パーティ利用には着席四十名で立食七十名ほどの個室を……と、それぞれのニーズによる使い方ができる。

同じ空間でも、昼と夜とではまったく異なる雰囲気であり、昼はご婦人たちがアフタヌーンティ用に使うケースが多く、そこには帝国ホテルにふさわしい、おだやかな歓談の雰囲気が生まれる。また、アフターファイブには、大人のしっとりとした懇談の場に変貌し、これまた帝国ホテルらしいテイストがかもし出される。各席がそれぞれの流儀で華やいでいて、その華やぎが他の席にとっての心地よい借景となる。それぞれの客がつくり出す風景が、空間の主役といってもよいだろう。

勝又さんは、高校時代から野球をやっていて、大学は野球の推薦で入ったのだが、肩と肘をこわして野球を断念せざるを得なくなっていた。そこで、学費を払うためのアルバイトを探していたところ、ランデブーラウンジでアルバイトをしていた高校時代の友だちの紹介で、一緒にアルバイトをするようになった。並行して卒業後の就職活動もしていたのだが、帝国ホテルのランデブーラウンジという環境でのアルバイトの時間に、強く惹かれるものを感じた。ただ、その頃は帝国ホテルの名も知らぬにひとしく、その歴史の重さなどについても、何も頭に入っていなかったという。

仕事内容は〝サービス補助職〟で、サービスをしているスタッフの手伝いという役割だった。コーヒーなどの補充、洗いあがった食器を棚にはこぶ、ごみ捨てなどが主な仕事で、接客をすることはほとんどなかった。やがて、サービス職の空きができ、同じアルバイトながら実際に接客する仕事をやることになった。ある芸能関係の宴席のあと二十名ほどの二次会が、当時のレインボーラウンジで行なわれたとき、勝又さんはその席の担当をさせられた。ところが、トレイ（料理をのせる盆）のあつかい方に馴れぬため、そこにいたひとりの有名人のお客のスーツの上衣に、背中からカクテルをかけてしまうという、映画のワンシーンみたいな大失態を演じてしまった。勝又さんはもちろんショックのあまり顔面蒼白となった。が、上司が手ぎわよく上衣をクリーニングに出し、そのお客が宴席を楽しんでいるあいだに、もとの状態に仕上げて返してくれた。さらに、そのお客が上司に帰りぎわ、「あのお兄ちゃんを怒らないでやってくれな」とささやいたことをあとで聞かされた。〝事件〟ともなりかねなかったその一件が、逆にこの道で仕事をしていこうという覚悟を勝又さんがきめるきっかけになったという。

やがて、仕事の中でかかわることの多いバーテンダーという存在の魅力をしだいに感じるようになった。調理場のコックとちがって、お客の最初のひと口目の印象を至近距離で味わえるのが、バーテンダーなのだという思いが、強くわいた。

勝又　サービスの原点はこれじゃないかというふうに感じて、バーテンダーになりたいと思ったんですね。

――誰か、あこがれの先輩バーテンダーの方がいたりしたんですか。

勝又　ランデブーバー・ラウンジの若松健次先輩もそのひとりですね。

――どういうところにあこがれたんですか。

勝又　いまでも、ベテランのバーテンダーの方しかつくらせてもらえないお客さまがいらっしゃいますし、若松先輩はそういうお客さまを何人ももってるんで、いつかそういうお客さまにつくれるようになりたいという気持になりました。いまでもそう思いつづけてますね。

――カウンターでその人の前に坐れる客がかぎられる、和食の世界のいわゆる花板《はないた》みたいな立場が、自然に生まれるんですかね。

勝又　たとえばかなり高価なボトルウイスキーのお客さまに対する説得力が、そういう人の表情や言葉や身のこなしへの全面的信頼によってなりたっても、ぼくらではいろんな意味で無理っていうような。お客さまとのおつき合いが三十年以上であるとか、そういうことで生まれるものなんですよね。こういうのはいまの自分にとっての壁でもあるんですけど、目的にもあこがれにも励みにもなるんです。そういう先輩が何人もいるんですから。

――勝又さんは人間ウォッチングというか、人を見るのが好きだというような子供だったんですか。先生なんかを観察する癖なんてなかったかな。

勝又　ありましたね。じーっと先生を見ていて、何見てるんだって言われたことがよくあります。

――じゃあ、帝国ホテルという多種多様な人が出入りする仕事場は理想的だし、天職みたいなものですね。

勝又　でも、帝国ホテルをやめたいと思ったことが、これまでに二度ありました。

――それは、自分の店を持ちたくなったとか、そういうことですか。

勝又　そうなんです。一通りのカクテルがつくれるようになって、お客さまにその味をほめられたりしているうち、一度、上からのマネージメントによるのではなく、自分の思い通りにやってみたいと。で、またそんなことを思ってるところへ、そういう話がくるんですね。最初は雇われだけど、軌道にのったら店を買い取ればいいと。二十五、六歳のときでしたけど、その話にすごく魅力を感じて、そのコリドー街にある店のことを母に話したら、絶対反対だと言われました。そのすこしあとで、「銀座のちっちゃい通りの地下で、通りからは店があるかどうかも分からない店で、何で働きたいの」と母に言われて。母は、私の話を聞いて心配でひとりでその店を見に行ったんですね（笑）。で、その母の行動にちょっとショックを受けて、これまで親を一回も安心させていないと自分をふり返って、それで思いとどまりました。でも、自分の店をやりたいっていう思いは、やっぱり気持の中に潜伏してましたね。

――だから、二度目もあったと。

勝又　その潜伏している自分の店を持つっていう件を、二人の先輩と一緒に何かにつけて話をするようになって、帝国ホテルをやめて自分の店を出している大先輩に、三人で悩みを打ち明けてみたんですね。そのとき大先輩の「おまえらの気持ひとつなんだぞ」「やめたらもどれないぞ」「やめなかったら、またやめるチャンスはある」……という言葉がやめることをすすめているのか止めているのか、ぼくにはすっきり理解できなかったんですね。そのうち、二人の先輩はやめる決心をして、ぼくもそれについていこうと思って会社に相談すると、三人一緒にやめさせるわけにはいかないと言われて、ぼくだけが残りました。二人の先輩が出した店に、時間があったら手伝いに来いと言われたんですが、こっちの仕事を中途半端にして手伝いに行くことができないんですね、性格的に。そんなことをしているうちに関係がぎくしゃくしてきたんですが、そこへ正社員にするという話が入ってきて。

——二度目もやめないところへサイコロが振られた……いろんな意味で、運のよさを感じますね。

勝又　すごい運がいいと思います。あとでホテル出身で自分の店を持った鮨屋さんの話を聞かされたんですが、当たり前と思っていたことが当たり前じゃなくなると。ホテル出身の銀座で店をひらいているバーテンダーも、同じことを言ってました。

——何しろホテルは、贅沢な仕入れ、贅沢な管理、贅沢な客が当たり前みたいになっていますよね。それを、自分の経営で成りたたせることはとうてい無理。自分の店を経営するというのは、まったく別なジャンルに足を踏み入れることですからね。じゃ、三度目は？

勝又　なしです。いまは妻も子もいてですから、絶対にやめることはないです（笑）。

フットワークのよさを感じさせる勝又さんの現在《いま》あるセンスは、生来の性格にインペリアルラウンジで磨かれた結果体得したものが加わった結果ではなかろうか。もともとはバーテンダーにあこがれた勝又さんだが、バーコーナーだけでなく、生演奏のあるラウンジコーナー、そして個室とまったく趣のちがう三つの空間を体験するうち、バーテンダーの領域を超える、〝接客〟という世界の摩訶不思議な魅力に、視野が拡大していったという気がするのだ。

個室は、優雅で濃い時間をすごす空間であり、多くのお客に接するラウンジではゆるされない近しさの中での接客というイメージがある。クラシックの基本をベースにした上で、ジャズ的アドリブが効力を発揮する可能性のあるステージとでもいうのだろうか。ある程度〝引きのサービス〟が必要となってくるラウンジと、お客の楽しさと親しみをもってスイングし得る個室の役割の演じ分けを、勝又さんは軽快にこなしているようだ。

――ラウンジと個室では、別の人間になるといった感じですね。

勝又　個室にはあくまで主役がいて、その方を盛り立てるサービスをする。そのための黒子……そういった感じでやるのが、個室のサービスだと思っています。

――そういう自分の色の使い分けというのはおもしろそうですね。

勝又　たしかにおもしろいですが、自分をその場によって変えなきゃいけないので、大変ですね、正直。

——どっちのサービスが好き、ということはありますか。
勝又　いちばん好きなのは個室です。バーカウンターでお客さまと一対一で接している時間も好きなんですが、ただ、いまの自分はお客さまが入って来られるところに立って、全体をながめた仕事をすることに魅力を感じています。演奏者から指揮者のほうへ、シフトが変わっていくような気持かもしれないですね。

勝又さんは、刻一刻の帝国ホテルの時間の中で、自らの〝好運〟と〝成長〟の合体によって、自分の貌《かお》をつくりつづけてきた……私にはそんなふうに感じられた。人間らしい悩み、男らしい迷いのたびに、何かがそして誰かが、あるいは帝国ホテルそのものが勝又さんの軌道を修正してくれた。その好運への感謝から、親しみやすいキャラクターが生まれているという感じなのだ。
それにしても、バーコーナー、ラウンジコーナー、個室という三つの色がしつらえられた「インペリアルラウンジ　アクア」というのは、お客の使いようによって幾通りもの答えを与えてくれる、まさに、三昧三体の空間だ。勝又さんは、その三つのセクションのそれぞれの味わい方を、俯瞰する視野から、自分の〝接客〟を楽しんでいる。その弾んだ表情が、そこへやって来る人々の気持を和ませ弾ませる……そんな関係が成りたっているという気がするのである。

ワイン好きより、人間好き

ソムリエ　佐藤隆正

ワイン蔵の棚にねかされた、おびただしい数のワインに目をこらしたものの、私などがそこから立ちのぼっているはずの意味をつかめるはずもなく、腕を組んだり解いたりすることをくり返していた。すると、うしろから心地よいひびきの声がかけられた。

「この棚は十五度でして」

声の主は、レストランのソムリエ佐藤隆正さんで、ワイン蔵の棚の手前への傾きの角度について教えてくれたのだった。まず、その自然なひびきをもつ声の質が、貴重なワインの群れの中でこわばりかけていた私の気分を、やんわりと溶かしてくれた。ワインがコルクを通して呼吸できるよう、瓶を平行にねかせるのが通例で、そのほうが棚に多く列《なら》べられるのだが、ここの棚はねかされた瓶が瓶の底に向かって十五度傾くようにつくられている。十五度の傾きによって列べられることによって本数は減るのだが、ワインはコルクを通しての呼吸と、澱《おり》の安定とを両立させることができるというわけである。

私の友人のひとりである、知る人ぞ知る一関のジャズ喫茶「ベイシー」のマスターは、開店以来三十五年になる店のアンプを、一度たりとも切ったことがない。その理由をたずねた人に彼は、「あなたは寝るときに息を止めますか」と問い返したという。アンプはまさにジャズ喫茶の根幹となる生命体なのだ。帝国ホテルのワイン蔵の傾斜十五度の棚をながめながら、私はそんなことを思いかさねていた。このワイン蔵に貯蔵されているワインも、しっかりと貴重な生命体としての待遇を受け、澱を安定させ息をしつづけているのである。

ワイン通でない私が、帝国ホテル貯蔵のワインの群れからの問いかけのど真ん中を解読できるはずもなかったが、先ほどの佐藤さんの心地よい声が耳に残っていた。

佐藤さんは、一九八九年（平成一）に帝国ホテルに入社し、ウェイターとしてレストラン「レ セゾン」「ラ ブラスリー」に勤務したあと、一九九六年からソムリエとしての時をスタートさせた。二〇〇八年の「第二回JET　CUPイタリアワイン　ベストソムリエコンクール」に優勝するなどの実績とともに、現在八人いるソムリエ・スタッフの一員としての充実した接客ぶりが、その何とも圧迫感のない親近感のただよう声から想像させられた。

役者の条件として、「一声二姿三芝居《いちこえにすがたさんしばい》」あるいは「一声二姿三に顔」といった言い方があるが、声はかたちのない肉体であり、その人の個性をあざやかに伝えてくる。ソムリエと役者の共通項として〝人前〟での仕事ということがあるが、その心地よい声は、ソムリエとしての佐藤さんの大きい財産であろうと思われた。つくったような〝美声〟ではなく、人に接することの楽しさが素直に伝わってくる声という感じなのだ。

——帝国ホテルに来られる方は、いろんなニーズがあるでしょうが、このワインが飲みたいという方に「ございません」というわけにはいかないでしょうね。

佐藤　ですから、かなり幅広くそろえてあります。ブランド志向のワイン、安くておいしいという本来のワインの姿も幅広く、だいたい七百種前後で、本数としては約三万本。

——仕入れのさいは、何を基準に選ぶんですか。

佐藤　ユーロの上下と、ワインの値段は比例します。その傾向、流れをみて買い時期を考えます。ユーロ圏のワインなど、百六十円のときに買うのと百三十円で買うのとでは、一本一万円くらい差があったりしますから、買うべきときか抑えるべきときかというのも、いつも考えているんですが、五年後の景気を予測しながら買っているところがあるんですね。このままでいくと、五年後の日本は高級ワインではなくて、手頃なワインを楽しむというブームに変わりそうだ……となれば、手頃なワインを大量に買うというように、その買い方を変えるんですよね。でも、ブランド・ワインのニーズはつねに変わらないので、毎年何本か買うというふうに。

――さっきワイン蔵に、山形の蔵のワインがありましたね。

佐藤　はい、ワイン蔵には、日本のワインだけでも二十種類くらい用意があります。お客さまも八割は日本人でサービスマンも日本人ですしね。それに外国のお客さまが日本のワインを知りたいと言われたときは、すぐに日本のワインをすすめられるように、選びに選びぬいたセレクションはしてあります。

――とかく日本人はブランド志向におちいって、日本のワインを格下に見がちのように思いますが、いま日本のワインは外国の方や日本のワイン通に、自信をもってすすめられるレベルにきているんですか。

佐藤　はい、きています。それで、レストランでワインリストを開きますと、自国のワインが最初に出てくるのが通常です。フランスならばフランスワイン……これが世界共通のホーム・アンド・アウェー方式のワインリストです。ですから、本来であれば、日本の帝国ホテルのワインリストを開いたら、最初に記されているのが日本のワインであるべきということになります。でも、帝国ホテルのワインリストを開くと、そこはあえて日本人的にちょっと一歩引いて、一ページ目はフランス。これは、フランス料理の世界に対しての敬意と、フランス人のシェフもおりますので敬意をこめてフランスを最初に、そして次が日本のワインという順序になっています。これが、帝国ホテル全館にわたるマスターリストと言われるワインリストの表記です。

――ちょっと一歩引いたかたち……日本の、しかも帝国ホテルらしいセンスですね。

佐藤　開業以来ずっとフランス料理を……ということで、帝国ホテルらしくてよろしいんじゃないでしょうか。

――言われてみればそういう発想もあるかな、という……気遣い、苦肉の策、遠慮、プライドの転換などが入りまじった感覚。フランス人には通じにくいかもしれませんね。

佐藤　自分の国のワインを何で最初にしないんだ、となるでしょうね。

実は、私がソムリエという存在に多少馴れてきたのは、つい最近になってのことなのだ。相手に緊張を強いる、重々しい医師のごときソムリエに、何を診断されるかとおずおずさせられるケースだって多かった。そんな私にとって、目の前にいるソムリエの佐藤さんが、これほど自分の気持をほぐしきってくれているのは信じられぬことと言ってもよかった。

(この人の明るい自然体は、いったいどこからきたのだろうか……)

私は質問のホコ先を、そのあたりへ向けてみた。

佐藤さんの祖父にあたる人は、都電の運転手を職業としていたが、都電のコースの行き帰りに、いつも帝国ホテルをながめて運転していたという。その祖父の口癖が「いつか帝国ホテルで食事しような」だった。佐藤さんはその祖父や家族とともに、帝国ホテルではなかったが、当時まだ少なかったホテルで食事をしたことがあった。うしろに立つボーイさんと呼ばれる人の見守る中での、ナイフとフォークの使い方などのため、孫の佐藤さんは極度の緊張につつまれていた。だが、やがてその緊張が、祖父のその場の計らい、仕切りなどによって嘘のように消えてしまった。そのため佐藤さんは、子供ながら大いに楽しんで食事の時間を味わうことができ、そういう空気をつくる祖父に感動し、大好きになったという。

その祖父が、夕食にビーフシチューが出ると、「じゃ、ブドウ酒だな」と手酌で飲み始めた。それを見て孫の佐藤さんが「ぼくがつぐよ」と言ってグラスに注ぐと、祖父は「ああ、おまえのついでくれるブドウ酒は世界一うまい」と言ってくれて、胸にうれしさがふくれあがった。祖父は、和食のときは日本酒、洋食のときはブドウ酒、中国的な料理のときは老酒《ラオチュー》を飲み、酒と料理のいわゆるマリアージュを楽しむような人だった。そんな祖父が、自分がついだ酒をよろこんでくれるのがすごくうれしかった……それが、ソムリエ佐藤隆正さんの原点になっているという。

佐藤　ですから、ワインを教えるとか、上から目線というのはあんまり好きじゃないほうでして。いま、七人のレストランソムリエがいるんですけど、うちのソムリエ陣には、お客さまに対してものを説くというようなタイプの人は、正直言ってひとりもいないですね。ワインについてのご質問を受ければ、それに答えられるための勉強はつねにしていかなきゃいけませんけれども、まずはいかに楽しんでいただくかを第一に。ワイン好きより、人間好きになることが大事で、ワインの知識はもちろん大切ですけれど、マニアになることが目的ではなく、あくまでお客さまの立場に立って考えることが大切だと思います。

——そういうおじいちゃんがいた環境で育って、そのおじいちゃんがよろこぶ姿を見るのがうれしくて……だからといって即座にソムリエの道へということにはなりにくいのでは？

佐藤　そうですよね。でも、人がよろこぶ顔が好きとか、人をよろこばせたいという気持の原点は、そこにあると思っているんです。

——ホテルという道へのステップはどういうきっかけで？

佐藤　大学の附属高校に通って、レールを敷かれた大学の推薦試験にも合格したんですが、ホテル学校を選んでＹＭＣＡに行きました。で、祖父の影響でホテルイコール帝国ホテルと思っていましたから、ほかのホテルは受けませんでした。このホテルでなければサービス業をやるつもりはないくらいの覚悟で。

——おじいちゃんの力は絶大ですね（笑）。

ソムリエがワインのボトルを抜栓し、そのテーブルのホストが試飲し、ゲストに注ぎおわってから、「ごゆっくりどうぞ」と言って会釈してから、テーブルを離れて黒子の立場にもどるまでに、およそ十秒くらいが経過する、と佐藤さんは言う。その十秒のあいだに、テーブルのお客のワインに対する本音の反応が出るのだそうだ。すすめたワインが合っていてよかったと感じることのできる反応もあれば、ワインの冷え方が足りぬことをチェックする呟きもあり、その十秒間の本音はもちろんいろいろだ。ただ、そのさいソムリエの対応が露骨であってはならぬわけで、お客の本音を感じ取り、最上のサービスをするというのもきわめてむずかしいことだろう。

佐藤　そのワインのよいところをほめるというのが、暗黙のルールみたいなもので、ポジティブな話しかしないですね。ヨーロッパのワインを買い付けに行った場合、そこのワイナリーのオーナーの方は、そこで作られる五種類のワインがあったとしたら、それらのワインは息子であり娘であるという認識です。ですから、その中の一番が何であるかという話は通じにくいんですね。日本人はやっぱり、どれが一番かにこだわりがちですが、オーナーの立場からは息子や娘に等級はつけられないと。ですから、そういうワインのサービスをするソムリエとしても、マイナスな発言はいっさいしたくないですよね。

——それにしても、帝国ホテルのソムリエというのは、奥深くも複雑で厄介な世界ですね。それが好きでやってるんだからいいとは言うものの（笑）。

佐藤　ホテルの中のソムリエ・セクションという感じですから、基本はホテルマン。街でソムリエ一途……ワインだけが好きであれば、そっちを選んでいると思うんですよ。だけど、大のサービス好きですから、ホテルマンである中のソムリエが、たぶん自分にいちばん合っているんだと思います。ですから、〝言いやすい人〟と見られたいですね、佐藤だったら言っちゃってもいいだろうと思われたいんです。信頼感が生まれて、あいつがいるときに行けば、何でもわがままが言えるよというふうに、みんながなっていれば最高ですね、誰が一番じゃなくて。

かつて、結婚記念日に帝国ホテルのレストランに来た夫婦が、食事中に口論となり、静かな店内に二人の声がひびきわたる気まずい雰囲気になったことがあった。その瞬間、佐藤さんの先輩であったシェフ・ソムリエが、二人のあいだに入って仲をとりもち、すぐに店の空気がもどった。それを目撃した佐藤さんは、自分の目指すのはこの人だ……と尊敬の思いでその先輩をながめたという。

これは、あかるい自然児のような佐藤さんが、帝国ホテルという環境の中で育ったための大きなバネとして、胸にきざんでいる体験なのだろう。私は、例の心地よい声によるテンポある会話ぶりと、適当な身ぶり手ぶりをまじえた軽快な表情に、そんな思いをかさねた。

レストランという舞台装置の妙

レ　セゾン　野尻　誠

レストラン「レ　セゾン」のお客は、ロビーやオールドバーで待ち合わせたあと打ちそろってやって来たり、ひとりであったり、店内の待合いのスペースで落ち合ったりと、さまざまなおとずれ方をする。少し早めにやって来た人が、待合いスペースでシャンパングラスを手に、時をやりすごしているのを見かけたりもする。いずれにしても、そこからテーブルまでは案内役の女性のレセプショニストに先導されることになるのだが、このあたりから始まる暗黙のルールとしての判じ物、符牒、しきたりの数々と、その決まりごとを守ったり開放したりする趣向などのありようから、私は気心の知れた者同士の御茶事を連想させられた。待合いスペースでのシャンパンなどは、まさに御茶事における待合《まちあい》で小湯を喫するがごとき風情なのである。

「レ　セゾン」の従業員には、女性のレセプショニストを別にして三つの職種があると言ってよいのだが、これがユニフォームの色とかたちで判別できるようになっている。九名の「メートル　ド　テール」（黒服）は黒のジャケットを着て、オーダーを受けもち、基本的にはテーブルのそばにいて、次の料理のスタート出しをする。五〜六名の「シェフ　ド　ラン」はサイドキャプテンと呼ばれ、黒のショート丈ジャケットを着ている。彼らは「メートル　ド　テール」のサポートをし、ゲストの椅子を引き、接客をしたりする。十名の「コミ　ド　ラン」は通称〝赤レンジャー〟と呼ばれ、赤いジャケットを着ている。彼らは基本的に接客をすることはなく、「メートル　ド　テール」が受けたオーダー伝票を調理場へ持って行ってシェフに渡し、調理場の料理を店内まではこび、「メートル　ド　テール」に渡す役を担っている。

この色分けと役割の判別を、お客の側がとくに気にする必要はなさそうだ。そんなことを意識させられぬまま、お客はスムーズにテーブルへと案内され、食事を愉しんでいるというのが、「レ　セゾン」の通常の空気というものだろう。だが、「レ　セゾン」副支配人の野尻誠さんに話を聞いてみると、レストランのけしきの内側に、幾色ものプロらしいもてなしの綾が仕組まれていることに気づかされた。

——入口からテーブルに案内されているあいだというのは、やはりお客が緊張をおぼえる時間ですよね。

野尻　お店の印象が、そこでほぼ九十九パーセント決まってしまうという。

――テーブルへ案内するときの決まりみたいなものはあるんですか。

野尻　まず、接客の「メートル　ド　テール」は中のテーブルの近くにおります。レセプショニストの女性スタッフが席までご案内して、メイン・ゲストの椅子を引きます。ご案内するときは、レセプショニストが先導するかたちで歩き、次がメインのゲストという順になります。

――レセプショニストが椅子を引いた人がメイン・ゲストというわけですね。

野尻　接客側はそれを目でたしかめます。ゲストの席はだいたい決まっていますが、何らかの事情でちがう坐り方をされるようなケースがあれば、案内したレセプショニストがその旨を「メートル　ド　テール」に伝えます。食事のサービスの順序ともかかわりますので。

――テーブルへの案内のさい、レディーファースト問題は？

野尻　ご案内も食事のサービスも、女性がホスト役であったとしても、ここではその女性からという順番です。ただ、その女性のお客さまが、きょうは男性のお客さまをもてなすのだという強い意志をお持ちの場合は、そのように言葉で言われますから、ルールとは別のやり方で。

――ルールもあるけれど食事の雰囲気が優先ですから、そういう臨機応変は必要なんでしょうね。つまり、まずレディーファーストのルールにしたがってものを考える習慣をベースにして、ルール一辺倒でなく、変則にも対応できなければならないわけですね。で、本来のケースでは、メニューのオーダーはもちろんゲストから？
野尻　はい、そうですね。
――メニューを選ぶ場合、外国の人と日本の人とで、何かセンスのちがいを感じることはありますか。
野尻　外国の方は九十九パーセント、コースを注文されないですね。前菜とメインディッシュ、あるいはスープとメインディッシュといったように、二皿なんです。コースで注文されるのは、ほとんど日本の方。
――メニューの料理をすすめる場合、とくに注意しなければならないことは？
野尻　とくに最近は、アレルギーの問題ですね、多種多様なアレルギー。見た目には分からなくても、料理の味つけの途中で使うものが関係したりしますので。それから、ベジタリアンの方の程度がちょっと……たとえばビーフそのものだけでなく、ビーフからとったブイヨンまで駄目なのかとか。まあ、ベジタリアンや宗教上の理由は、お客さまが言われますが。
――メニューを選ぶ場面というのは、楽しみなくせに妙に緊張してしまって、なかなかゆっくり選ぶことができないケースもあると思いますが。
野尻　食前酒を飲みながら、ゆっくりメニューを見る……外国のお客さまはそれが当り前ですが、日本のお客さまはメニューをパッと見て、これでいいやとコースを選ばれる方が多いんですね。おひとりがそう決められると、「じゃ、私も」というふうになって。

――「これでいいや」っていうのは、ちょっともったいないですね、僕なんかもその傾向がある方だけれど(笑)。まあ、コースというのも練りに練ったあげくのメニューなんでしょうけど。

野尻　「レセゾン」のメニューは、日本の一般的なメニューとは逆なんです。

――逆……。

野尻　一般的なお店は、いちばん最初のページに、その店のおすすめのコースメニューが載っていることが多いんです。でも、ここのメニューは、最初にアラカルトが載っていて、いちばんうしろにコースメニューが載っています。シェフとしては、アラカルトの中からお好きなものを選んでいただきたいと。そういう意図がメニューにふくまれているんですよね。

最初にフランスワインを載せ、次に日本のワインを……というワインリストの日本人的センスと、アラカルトを最初に載せるメニューのセンスからは、ともにフランスという国の文化への尊敬が伝わってくるとともに、日本人のお客に対する親切心が込められているという共通項がみちびき出されるのではないだろうか。楽しい食事の時へと誘導する無言の帝国ホテルらしい気配りが、そんなところにもあらわれているというわけである。

ともかく、入口からテーブルに案内し、メニューの中の料理を選ぶ段階で、すでにスタッフはお客の雰囲気を把握している必要がある。料理やワインの値段の許容度、そして、ゲストとホストの力関係や親密度などを現場で察知し、その場にふさわしいもてなしを選択していかなければならない。

それにはやはり、スタッフ同士のチームワークが大事であり、「メートル　ド　テール」のスタッフは、なるべく自分の担当であるテーブルのそばにいて、「アテンションしてますよ……」というオーラを、静かに発していなければならない。したがって、ゲストが何かを必要として、目で探してもウェイターが見つからないということは、「レセゾン」ではあり得ない。食事中に、相手が目で誰かを探そうとすれば、それによって会話が途切れたり、雰囲気がこわれたりするわけで、それはあってはならないことだと野尻さんは言う。

しかも、そういう場所に馴れた人ほど、支払いのチェックのときの仕種がさりげなく、かろうじてテーブルの上に出るくらいの高さの目立たぬところで、人差指をすっと立てて合図するだけの人もいるという。そしてスタッフは、その指のうごきを見逃さないようにしなければならないというわけだ。

人差指を目立たぬようにすっと立てるお客と、それにすぐに反応するスタッフのつくる微妙なシーンというのは、見事な常連と見事な店の組合せによる、ホテルのレストランらしい贅沢で、あたたかい風景と言えるだろう。

考えてみれば、お客との短い接触が基本であるホテルにおいて、レストランのお客とスタッフが空間を共にする時間はながい。昼でも一時間半から二時間、夜は三時間から四時間のあいだ、同じ担当者がずっと担当しているのだ。その刻一刻のスタッフの緊張の連続が、テーブルの楽しい食事を演出してゆく。ひとりの「メートル　ド　テール」が三つ四つのテーブルを同時に担当していて、しかも神経の張りつめを表面に出さぬようにしていなければならない。そこにやりがいを感じるレベルにいたったスタッフは、その緊張や神経の張りつめが快感になっているかもしれず、そうなればまさに天職の域ということになるのだろう。

そんなスタッフにめぐり合い、馴染みとなった常連のお客もまた、そこで特権的な食事の時をすごすことになるにちがいない。野尻さんを名指して来る人もいるし、他のスタッフのいる日を指定する人もあって、贔屓がそれぞれの客によってちがうのは当然だ。

——そういうスタッフと出会えたら、常連客冥利に尽きるというか、とにかく楽ですね。何でも言いやすく、また言わなくても通じるという。でも、そういうお客の個性を、どうやって頭に入れるんですか。相手変われど主《ぬし》変わらず……というか、お客は次々にやって来るわけでしょう？

野尻　メモをとるのはもちろんですけれど、「レセゾン」によくいらっしゃるお客さまに関しては、何て言うんでしょう、病院でいうカルテみたいなものをスタッフがつくっていますので。そこには、ほんとに細かい情報が入ってますね。自分が担当したテーブルに関しては、お客さまのお好みの特徴とか、食べられたもの、飲まれたものを記入したり、特別なメニューを組んだときのお客さまの記録を残したり。でも、それゆえにむずかしいことも出てきまして。

――その上に必要なものがあるということですか。

野尻「前回、あの赤ワインがお好きでしたから、今回もご用意いたしましょうか」と、言っていいのかよくないのかという問題ですね。そのときのお相手がちがったときにちょっと……。

――これはむずかしいテーマだ。

野尻「いつもありがとうございます」と、言ってよいのかよくないのか。

――うーん、むずかしい。

野尻　しかも、いつもここに来ている常連であることを、アピールしたほうがよいというお客さまもいらっしゃいますが、そのときのお相手によっては……。ま、お忍びというケースは少ない店だろうと思いますが。

この話を聞いて、私は金沢の茶屋街のお座敷に、「ながいこって」という言葉があることを思い出した。「ながいこって」すなわち「お久しぶりでございます」の意味だが、三年ぶりに来たお客にも、きのう会ったお客にも、とりあえず「ながいこって」とお茶屋の女将も芸妓も挨拶する。つまり、そのときのお客とどのような関係かを、あいまいにして、よもやの場面を防ぐという、きわめて日本的な言葉の微妙さだ。客と女将と芸妓と店の連繫というのか、心憎いセリフである。そんな表面からかくれた暗号みたいなものが、日本の各種の流儀には存在するにちがいない。ホテルの流儀においてももちろん、あからさまでない暗号のようなものが、いくつも仕組まれているにちがいない。

――食事のすすみ方を見た上での、次の料理を用意する呼吸も、むずかしいでしょうね。

野尻　そろそろ次かな……と思っても、そこからながいお客さまもいらっしゃるので。次の料理にスタートかけてできちゃったのに、まだ前のお皿に残っているというような。そう考えると、いかに食事のながれを見て、キュー出しをして、コントロールできるかというのが重要で。

――つくる人は食事の現場を見ていないで、指令を受けてつくるわけですからね。

野尻　これは、最終的には「メートル ド テール」の責任になります。
――たしかに、新人には容易にこなすことができないことでしょうね。
野尻　たとえば、お客さまと話が弾んでながくなり、その場からうごけないときでも、ほかのテーブルの食事も進行させなければいけないわけです。そういうときは、あらかじめ補佐するスタッフの「シェフ ド ラン」に、「ぼくがうごけない状態になったら、あそこのテーブルすすめといてね」と言っておいたり。
――あらかじめっていうことは、そのお客のありようを知らなきゃならないわけですよね。
野尻　言葉で伝えていないときは、その場でのアイ・コンタクトで。

お客は、他のテーブルを頭に入れるというより、自分のテーブルにいかに気を注いでくれているかを、それぞれに考えているわけだから、他のテーブルに神経を向けすぎて、自分のテーブルに気もそぞろと感じれば不愉快ということになる。そんな綱渡りみたいな場面をこなす野尻さんは、レストランサービス技能一級を取得していて、二〇〇七年（平成十九）の第二十四回技能グランプリ金賞を受賞している立場の人だ。それゆえにこのような非日常的時間を、あたかも日常的時間のごとく平然とこなすことができるのか……と思った。

ところが、一九六九年生まれの野尻さんの実家が飲食店であり、接客の環境にあったと知って、うなずくものを感じた。研鑽、努力、勉強、自負心、誇り、役割意識というもの以前に、幼ない頭に躯《からだ》に埋めこまれた何かがあるからこそ、そこを濾過したあげく結晶するといういきさつがあったのではないかと、いささか作家的に偏するかもしれぬところに、私は気持を落着させた。

そういう幼時の体験が、ブーメランのように大きく弧を描いて、まったくちがった境遇における仕事に結実するという話を、私は何度か聞いたり読んだりしたことがあったからだった。そのような人生の因果関係が、帝国ホテルという舞台とめぐり合って、花ひらいているのは、私にとって興味深いことだった。そして、レストランという舞台上の役者たるお客の目の外に張りめぐらされた粋の構造に、うっとりとした気分をおぼえさせられたものだった。

ルームサービス　矢崎昌伸

雨、雪、台風？ウエルカムです

かなり前、ノックした部屋にいる友人が、朝食のルームサービスの料理を食べたあと、パジャマ姿で悠然と紅茶を飲んでいる姿を見て、いい風情だなと思ったことがあった。もっともその友人はイギリス留学の体験者で、ホテルライフには馴れているし、似合ってもいた。それを自分が真似しても、あんなふうにはいかないだろうと、その特権的なイメージをあこがれの領域に閉じ込めて、悠々たるルームサービスとはその後も無縁だ。たまにルームサービスを利用するときは、部屋で原稿を書いたり電話連絡を待つときであったり、着替える前に朝食をすまさねばならぬときであったり、夜遅くなって小腹がへったが外出する気分がないときであったりと、〝仕方なく〟部屋で何かを食べる必要に迫られたさいの、余裕のない利用方法の域に終始しているのである。

帝国ホテルでルームサービスを利用する人々は、そんな私がかつて閉じこめられた

〝あこがれ〟の扉をかるくノックして、この便利なシステムのゆたかさを、ゆったりと堪能していることだろう。そんなことを思いながら、ルームサービス部門の砦というのだろうか、裏側でもあり本部でもある、オーダークラークと呼ばれるスタッフが電話で注文を受ける部屋をのぞかせてもらった。その雑然としているようで機能の統一を感じさせる、アナログの中にデジタルを埋め込んだような、見馴れぬけしきに私は目を凝らした。

私にとって、その空間の色合いともっとも近いイメージは、フロントの裏側のセクションだった。あそこもまたアナログとデジタルの境界線がにじんだ空間だった。だが、ここはそれよりアナログ色が強く、情報と肉眼が連動し交錯している気配が濃かった。壁に無造作に貼られているかのごとき紙の群れの中に書き記された、関係者以外には解読不能といった感じの名前や数字や記号たちと、コンピューター画面に映し出される各客室の図解のようなものとの組合せを、私はしばし茫然とながめていた。

その部屋の外側の壁もまた、表裏一体とはこのことかと思わせるヨコタテナナメに貼られた紙が、古い社殿の風雨にさらされた千社札《せんじゃふだ》のごとくひしめいている。外側はそのままルームサービス用の調理場と同じ空間となっており、できあがった料理や片づけられた器などを置く台や、業務用のエレベーターがあって、そこで立ち働く人々とカートを押す人の集中力をあらわすうごきに圧倒された。何となく、魚河岸《かし》やら青物市場《やっちゃば》やらの修羅場的風景から、騒音や声高な人声を引き抜いたような趣だった。

自分にとって新鮮なその光景を頭に入れながら、私はルームサービス支配人の矢崎昌伸さんの話を聞かせてもらった。矢崎さんは、一九八四年（昭和五十九）に帝国ホテルに入社し、レセゾン、レインボールーム（現インペリアルバイキングサール）、フォンテンブロー、レセゾン……というふうに、レストラン部に所属してきた。一九九七年から二〇〇一年までの四年間、駐日イギリス大使公邸に出向した経歴もあり、その落ち着いた表情と言葉選びから、ホテルマンらしい雰囲気が伝わってくる人だった。

ルームサービスの仕事は、宿泊客からの食事のオーダーに対するデリバリー（ルームサービス）、宿泊客が到着する前、または滞在中の手配物（ホテルからのウェルカムフルーツなどの搬入、ゲストへの差し入れシャンパン、その他）や皿、ワインクーラー、シャンパングラスなどの貸し出しといった業務、それに海外からのＶＩＰ滞在時における、現地から同行したバトラー（執事）の補佐……というのが軸になった仕事をこなしている。

それが軸ではあるけれど、その軸から派生する種々の業務をこなすことになるのは当然のことだ。ルームサービスのスタッフは四十四名で、そのうちの七名が電話でオーダーを受ける専門スタッフのオーダークラークだ。

矢崎　ルームサービスは時間とのたたかいなので、「七時半に」と注文されれば、何があってもその時間に持っていかなければならないというのが基本です。とくに朝がたいへんです。朝一番にルームサービスのご注文をくださるお客さまは、たとえば七時にしようか七時十五分にしようかとさんざん迷ったあげくの七時だったりするわけです。そこがくずれると一日のリズムがくずれてくる。とくにスケジュールが過密なお客さまならば、十分ずれるだけでもそのあとに影響するわけですから。

——部屋からレストランへ行く時間もない状態なのでルームサービスというケースもあるでしょうからね。

矢崎　ですから、ごらんになっていただいたさっきの場所は、朝は戦場ですね。

——いや、想像できます。

矢崎　だいたい、ルームサービスの六割くらいは朝なので。

——深夜に何か食べたくなったりとか、急いでいるという理由ではなく、ルームサービスで食べるのが好きな人もいるんじゃないですか。

矢崎　それが、あそこの壁に貼ってあった紙にお名前を記してあるような顧客の方です。帝国ホテルを利用される場合には、かならずルームサービスを注文されるという方々ですね。三食、ルームサービスでめしあがる方もいらっしゃいますし。ホテルでゆったりとなさりたい方に、お部屋でリラックスしてお食事をしていただけるのが仕事なのかなと。

——ルームサービスがいちばん忙しいのは、やはり朝ですか。

矢崎　朝が四十から五十件、日曜日の朝食だと六十から八十件くらいですね。昼は、もちろん、宿泊のお客さまからもご注文いただきますが、五階に会議室として使うことのできるカンファレンスルームがあるんですけれども、そこ中心の営業になります。その会議室へドリンクをはこぶことが多いということですね。

――宿泊客が到着する以前の仕事というのもあるんですか。

矢崎　ウェルカムフルーツの搬入などですね。たとえば、滞在中のお客さまのご友人などが部屋にシャンパンをお届けしたいとフロントに持っていかれると、フロントのスタッフがそれをルームサービスに持って来て、ルームサービスのスタッフがお客さまのご到着に合わせて搬入するんです。

――その仕事は、ホテルの売上げには関係ない業務ということになりますよね。

矢崎　氷だけのご注文とか、お持ち込みのシャンパンを飲まれるさいのグラス、あるいはシャンパンクーラー、あるいはお皿やシルバーの貸し出しなど……メッセージカードもふくめて、数字に見えない部分が、かなりルームサービスにはあります。それに、お部屋でレストランスタッフの代りのような、サーブをしたりすることもありますし、お部屋にバイキングみたいなブフェをつくられたりするお客さまもいらっしゃいますから、ルームサービスにはラインがないんですね、境界線が。

――それに、レストランならば自分のフィールドでのたたかいですが、ルームサービスは宿泊客の部屋でのことだから、いわばアウェーでの試合ですものね。

矢崎　しかも、ルームサービスは自分たちのセクションだけじゃなく、客室係、ランドリー係、ベルマンなどほかのセクションもかかわってきます。そんなとき、おたがいの情報を交換したりして。それもお客さまへの対応のために重要なことなんです。とにかくノーはない業務ですので。

――でも、そういう自分の業務のラインをこえたり、ホテルの売上げとかかわらないことであっても、そのことが次にこのホテルに泊ろうとする気持をつくる要素になったりはするわけだから、意味はあるんですよね。

矢崎　そうです。けっきょくお客さまがお客さまを呼んでくださるので。

――朝のルームサービスですが、女性の宿泊客には女性のスタッフがつくシステムになっているんだそうですね。

矢崎　それはかならず、女性には女性。

――たしかに、朝の場合など女性にとって、男性スタッフが部屋に入って来たらと思ったら、落ち着かないでしょうからね。化粧、身づくろいなどの問題もあるし。

矢崎　これも先ほどごらんになったオーダークラークが注文を受けると電話にお名前が表記されるので、そこで男性か女性かはすぐに分かります。またコンピューターをたたけば、伝票に男女をあらわす記号がありますので、それによって丸印をつけたり。

――女性にとって、それは気になることが消えたことになりますね。ところで、ルームサービスの注文が殺到するというか、極端に集中するケースもあるんですか。

矢崎　たとえば宝塚劇場で宝塚の人気スターのさよなら公演があるときなどは、手前どものホテルへ泊られる方がかなり多くなります。そういうお客さまたちに、打上げのようなことでお使いいただいたり。

――コーヒーショップだけではなく、そういうこともルームサービスに影響してるんですか。

矢崎　雨、雪、台風？　ウエルカムです。ルームサービスが多くなりますから（笑）。

――気候不順悪天候オーケーですか。

矢崎　やっぱり、そういう日は外に出られるご気分になりにくく、お部屋ですごしちゃおうというふうに。

――何が幸いするか分からない（笑）。一度たしかめてみたかったんですが、ルームサービスの食べ終ったワゴンを、ドアの外に出しておくのはホテルの客のやり方としてよろしいんですか。

矢崎　大丈夫です。ただ、ドアの外のスペースはほかのお客さまも通られるので、お部屋の中に置かれて、お電話をいただけるのがいちばんよろしいかと思いますが。でも一日に七回ほど、フロアごとに下げに回っているんです。ですから、基本的にはお客さまのスペースにはワゴンがないようにしております。実は帝国ホテルには二百五十台ほどのワゴンがあるんですが、正月などお泊りのお客さまが多いときは、午前八時半ぐらいにはそのワゴンが出はらってしまうケースが多いんです。

――それだけ、正月はルームサービスの需要が多いわけだ。

矢崎　前日の大晦日の年越しそばもありますし。で、お部屋に行ったワゴンが、お部屋すけど、ずっとお部屋に入っている場合もある。お客さまに出していただければよろしいんでの中にとどまっている場合もあるんです。

——ワゴンを返してくださいとは言えないし（笑）。正月は、おせち料理を楽しみにして来る人も多いんでしょ。

矢崎　三百二、三十ぐらいですか。おせちはたいへんです。年越しそばから引きつづき一日はおせちですから、寝ないでずっと。それでそのまま夜に入るので、二日の朝はまたかなり戦場です。一日の夜と二日の朝と夜と……ま、そんな感じですごしております（笑）。

矢崎さんは最後に笑顔を見せたが、ルームサービス・セクションの仕事もまた、その領域の内外に仕事がにじむ、伸縮自在のハードなものだった。それにしても、オーダークラークのあのせまいスペースを軸に、四十四名ものスタッフがその時どきに即興で生まれるかのごとき業務にいそしんでいるなど、想像もできなかった。そんなことに感心していたら、矢崎さんの携帯電話が鳴った。「どうぞ電話に出てください」と言うと、矢崎さんは恐縮の態で席を外し、ドアの外へ出て行った。ルームサービスは二十四時間の業務で、矢崎さんはその責任者たる支配人、何かがあればすぐに連絡がくるというわけである。

ゴールデンライオン　矢野康子

奥殿で弾きつづけるピアニスト、永遠の存在感

「オールドインペリアルバー」のある同じ中二階に、会員制バー「ゴールデンライオン」がある。私は、三十五年ほど前に、そのとき文芸編集者として担当していたある作家との打合せで、よくここへ通ったものだった。その人はもちろん会員だったが、そのおかげで私は帝国ホテル内の会員制バーを一年ほど体験できたと言ってよかった。

「ゴールデンライオン」では、財界や政界のトップクラス、オーケストラの大物指揮者、画壇の大御所、往年の映画スターや有名野球選手、あるいはベテランの新劇俳優などの顔が目立ち、小説家で会員になっている人はあまりいなかったと記憶している。ただ、それはたまにおとずれた私の感触であって、意外な会員の顔だってあったにちがいない。

私が二、三度顔を見た有名人は、池部良さんと芦田伸介さんだった。渋く風格のある年輩者の憩いの場所といった感じで、三十半ばの私などはその場に似つかわしくない若

造という役どころだったはずだ。

広いスペースにゆったりとしたソファとテーブルがあり、そこに深々と腰をうずめた紳士たちが、スマートで粋な会話のラリーを交わし、悠然とグラスを口にもっていく……そんな風景が目に残っている。酒はそれぞれの客のキープするブランデーやウイスキーというケースが多く、ワインを楽しむ光景を当時はあまり目にしなかった。

中央からやや外れたあたりにピアノがあり、会話に反応して強弱をつけ、演奏とBGMがその場によって変わるような感じの弾き方をしていた。ピアノの前方に沿ってカウンターがつくられていて、そこに陣取った常連客は、女性ピアニストと間近に対面するかたちで、「ムーンリバー」「サマータイム」「シャドウ・オブ・ユア・スマイル」「セプテンバー・ソング」などにうっとりと耳をかたむけ、曲の合間には女性ピアニストに何やら冗談を向けたりして、洗練された大人の不良を演じながらグラスをかたむけ、昼の重責ある役を解いて愉しんでいるようだった。

もちろん、そんな姿を私は遠目にながめるだけで、馴れぬ雰囲気の中で担当していた作家にすすめられたブランデーの水割をちびりちびりやり、その人が話す次の作品への構想を、聞きもらさぬよう緊張していた。店内には、三人ほどの蝶ネクタイの男性従業員と、四人ほどの女性が立ちはたらいていて、席に酒をはこぶのは深いスリットの入った長いスカートの女性たちだった。いずれにしても私が、自分本来の自然体で時をすごすには、いささか無理があるという思いにつつまれていたのはたしかだった。

そのときピアノを弾いていた矢野康子さんが、いまも「ゴールデンライオン」での演奏をしていると聞き、私はほぼ三十五年ぶりにそこをおとずれた。

矢野康子さんは、「ゴールデンライオン」の〝ピアノ演奏担当〟として、帝国ホテルの社員ではないもののそこにたしかなる存在感を、現在も示しつづけている。ピアノの位置が当時とはちがい、入口に近い場所になっているくらいが、変化といえば変化だった。

一九六五年（昭和四十）、作曲家広瀬健次郎氏のバックアップで、女性だけのオーケストラ「ムード・ロマンティカ」が発足し、矢野康子さんもピアニストとしてそこに参加した。この楽団は、テレビ、パーティなどで活躍し、翌年三月に帝国ホテルのシアターレストランインペリアルの開場にともない、そのディナーミュージックを担当することになった。六月にメンバーを一新し、活躍の領域を広げたのだったが、それを機会に矢野さんはリーダーとなり、「矢野康子とムード・ロマンティカ」がスタートした。

そのときの矢野さんは「小原重徳とブルー・コーツのピアニストをへて、自分のクワルテットをもち、ボニージャックスや倍賞千恵子とともに、全国労音や各種リサイタルに参加したピアノ界のベテラン」と紹介されている。ブルー・コーツにおける彼女の前のピアニストは秋吉敏子だったという。ブルー・コーツは私もよく聴きに行った楽団だったが、そのリーダー小原重徳さんを、矢野さんは〝ノリボウ〟と呼んでいたようだ。シアターレストランインペリアルでの演奏を担当した縁で、帝国ホテルにおけるピアニストの試験をするさいの試験官を、矢野さんはたのまれた。何度か試験に立ち会ううち、「面倒くさいから、あんたが弾いてよ」ということになったとは、矢野さんの言だ。

――ゴールデンライオンには毎日いらっしゃるんですか。

矢野　暦どおりでございます。ここでは、「もうおしまい」と言っても、「何だ、きみのピアノ聴きたかったのに」って言うお客さまも。それでもう一度ピアノの鍵あけて弾き直し。ご自分の好きな曲がおありになるので、それを弾いてさしあげると安心してお帰りになる（笑）。

――ステージでの演奏と、こういうところでの演奏とでは、同じピアノを弾くのでもだいぶちがうんじゃないですか。

矢野　ここではお客さまがいらして、一所懸命お話しくださいますよね、そのときは返事しないわけにはいかないので。弾きながら平気でお話を……帝国ホテルで育てられたっていうのか、口と手はまったく別なうごきをして。で、お客さまの中には作曲家だとか、いろんな本物がいらっしゃいますよね。

――ああ、いろんな本物……ここはそうでしょうね。

矢野　そういう人が「あんなにしゃべっていて大丈夫かと思うと、ちゃんと手ではやってるんだね」って。それから「きみは腕が落ちないね」と、古いお客さまが言ってくださったり。「ここはスタインウェイを置いてるの」「いいえ、ヤマハです」って。

——スタインウェイのピアノの音を聴いているようだと。

矢野　そういうふうなことをみんな。だから私、帝国ホテルで育てられたと思いますし。最初の頃は、越路（吹雪）のリサイタルの伴奏なんかやっても、「ハトポッポ弾いてるんじゃないんだから」って……音大出っていうのは譜面通りに弾きますからね。越路にも、ずいぶん教わったかなと。

——以前は、ピアノの前にカウンターがありましたよね。

矢野　そこにお客さんがお坐りになって、お話しいただくから、弾きながらしゃべる訓練ができちゃったんです。

——でも、何をリクエストされるか分からないから、たいへんですね。

矢野　だから、レッスンは絶対に必要なんです。レッスンはますます必要になるんです、自分がいちばんよく分かりますから。でも、「八年前に来たときに弾いてもらった曲を弾いてくれ」なんてご注文も。その曲が何なのかその方は忘れてるんです。でも、お顔を見るとお顔にその曲名が書いてあるように思い出す。

——曲が出てくる？

矢野　曲の名前は思い出さなくても、この人とあの曲……って、くっついてね。

——お客さんの顔と曲の両方が頭に入っていなければ、くっつかないですよね。すごい量の抽出しがなければできない。それに、八年前のその人の髪だって顔だって、痩せたり太ったり、かなり変わっているかもしれないですし。お客さんの気分と演奏のかねあいもむずかしいでしょうね、いろんな気分のお客さんがいるわけですから。

矢野　何か落ちこんでる方も、時どきカウンターにいらっしゃる。「どうしたんですか」って言ったら「ちょっと」って言うだけ。そんなとき、最初はクラシックを弾きます。それから、気持がほぐれたと感じたらスタンダード・ジャズになって。すると、「すっきりした」って言って、とてもおよろこびになって帰られます（笑）。

――お客さんも時とともに変化していきますよね。

矢野　だいぶお見送りもしましたし、息子さんがいらして、「おやじの遺言だからこの曲を弾いてください」って。その方のフェバリット・ソングがありますから。そんなときは、何だかその人をしのぶ演奏会みたいになって。

――リクエストがないときは、静かに弾かれるんですか。

矢野　そうですね、指のおもむくままですね。小さい音っていうのは、相当に訓練しないと……あの、ピアニッシモを弾くのはむずかしいんです、聴こえないような音になってしまったり。だから、ダンベルは毎日やってます。

――ダンベル！

矢野　ピアノをピロピロ弾いてるみたいだけど、あれはものすごくきつい仕事です。レストランでしたら、始まる時間と終る時間が、何時だっていうのがありますけど、バーはそれはないですね。だから、いちばんながく弾いたのは、四時間ぶっつづけで弾きました。

――それはすごいですね。そういえば、矢野さんはお客さんがドアを開けて出て行ったとき、ドアが閉まるまで弾くのをやめない、と。

矢野　お帰りのときは角を曲がるまで弾いてます。自分が出たとたん音が止まったって感じられる方、いらっしゃると思うんです。ですから、たとえばお客さまがゼロでも弾いております。見えたから、急いで弾きはじめたなんて思われてもいやだから。

――演奏会とはまるでちがう世界なんですね。

矢野　でも、「ひとりで毎日、演奏会みたいなことやってるね」って言われることもございます（笑）。

――ところで、お酒の場所でピアノを弾いておられるわけですが、ご自身はお酒は？

矢野　駄目なんです。こんな調子ですから、よくさそわれるんですけどね、コカ・コーラでみんなと〝割り勘〟は合わないなと思ったりする（笑）。でも、そのわりに騒ぎはじめるから、飲んでる人が冷めてきちゃって（笑）。

――大声で話をして、騒々しくなる場面なんていうのは、ゴールデンライオンではないんですか。

矢野　ございます。けど、私は帝国ホテルの社員ではないので、ひとりだけ私服を着ております。で、お顔も存じあげているので「うるさい」って言います。「うちに帰って勝手に眠ってください」とか……でも、まったく知らないお客さまには、そういうふうな言葉はかけられないんですけど。

——それはそうでしょうね。

矢野　だいたい、私がガーンと言うのはよく知ってる方とか、私がゴールデンライオンに来る前から知ってる、ステージ関係とかテレビ局の人だとか、そんな人はもうめちゃくちゃ言えますけど。それとか二代目さん。

——ああ、常連だったお客さんの息子さん。

矢野　はい。

——でも、そういうこともふくめて本当にお元気ですね。

矢野　私、いま七十九歳半ですから、今年の冬に八十なんです。

——実はさっき、矢野さんと待ち合わせをしたところから移動するとき、気を遣ったつもりでゆっくり歩いていたら、矢野さんにすいっと抜かれましたから。

矢野　そうなんですか（笑）。まあ、お客さまもいろいろ言ってくださって。でも、どこまで本当かも分からないんですけど（笑）、お世辞ってこともあるし。やっぱり、百人のお客さまの中に、ひとりでも本物がいるってことをつねに想定して弾きますので。百引く九十九は一じゃないんです。

——ひとり、本物がいることを想定するっていうのは、大事なんでしょうね。

矢野　でも、自分がいちばん分かりますからね。よそ様がいろんなことをおっしゃってくださっても、自分の力ってのは自分がいちばん分かりますので。

矢野康子さんの表情や言葉のニュアンスは、ピアニストとして語るとき、「ゴールデンライオン」の演奏担当として語るとき、かつての思い出をたどるとき、そして現在の年齢をきびしくみつめてご自身を語るときによって、それぞれちがって感じられた。ピアニストとしての心がまえや訓練などについて語るとき、矢野さんはあきらかに妥協のない芸術家《アルチスト》の表情を見せる。そして、「ゴールデンライオン」において、そこへやって来るお客に向けてピアノ弾きを演じるときは、お客の要求のすべてに応えようとするユーモアゆたかな職人《アルチザン》の表情になる。また、ピアノ演奏家としての時をたどりなおしたり、かつて遭遇した人々を思い起こすときは、あたたかく茶目っ気のある女性としてのセンスが、ある時代のグレードをあらわす正確で品のある言葉遣いの中にちらほらとあらわれる。そして、現在の年齢への思いをからめて語るときは、冷徹なほどの自己分析をまじえながらも、潔くご自身の人生を生きようという決意をこめた、前向きのエネルギーを強く感じさせられた。

芸術家と職人、きびしさとユーモア、茶目っ気と品格、クールさとホットな情熱……それらが一体となって、現在の矢野さんをつくりあげているというふうに、私は勝手に感じ取ったものだった。

お話をうかがったあと、矢野さんにすすめられて「ゴールデンライオン」に行き、ピアノの後方の席をとり、店の雰囲気をしばし味わわせてもらった。「ゴールデンライオン」の全体的雰囲気は、私が三十五年前に体験したのと似た感じだった。あの頃と同じくらいの年齢層の常連たちが、帝国ホテルの会員制バーという名の奥殿にふさわしい、大人びた団欒のけしきをつくっていた。奥のほうに白人のお客がいて、何やら精力的に話しかけている相手を見ると、矢野さんだった。

しばらくしてピアノの席にもどって来た矢野さんは、うしろにいる私に気づくと、いたずらっぽく笑って見せてから、

「いまね、あっちのアメリカ人の人と話をしていたらながくなって。盧溝橋事件の話なんてほかに分かる人いないから、つかまってじまって」

と言い、そのままピアノの椅子に腰をおろし、指を鍵盤の上に静かにおろしていった。盧溝橋事件といえば、一九三七年（昭和十二）に起こった日中戦争の発端になったと言われる事件だ。それにしても、ピアノ演奏のある「ゴールデンライオン」で、盧溝橋事件の話に花が咲くというのは、帝国ホテルの奥殿たる会員制のバーとはいえ、そうあることではあるまい。だが、その事件は矢野さんが六、七歳の頃のことだ。奥の席のアメリカ人客は、矢野さんよりずっと若い年齢と見うけられた。盧溝橋事件についての熱い会話を交わす二人の組合せは、虚実の境目をにじませてしまいそうだ……私は、その先へ吸い寄せられ迷い込みそうな気分を、しばし愉しんでいた。

私が席にいるあいだに、二人の常連客らしい人がピアノを弾く矢野さんに近づき、親

しさと申し訳なさを表情にあらわし、拝むような仕種で、リクエスト曲を伝えていた。

矢野さんは、無表情でちらりと曲名を書いたメモに目をやり、そのままピアノを弾きつづけた。

どれくらいの時間がたったか、矢野さんが次々とつくり出す雰囲気を味わったあと、私はそっと席を立ち彼女に目で合図してドアの外へ出た。そして、ドアの隙間からとどいてくるピアノの旋律を、しばらく背中で受け止めていた。

ランデブーバー・ラウンジ　若松健次

ロビーラウンジの人間模様

　バーとラウンジが合体した「ランデブーバー・ラウンジ」は、帝国ホテルの正面玄関を入ったロビーで待合せをする人々のうしろに、賑々しい借景をつくっているという印象がある。何しろ、ラウンジの入口へ足を向けると、そこにかならず人の列ができているというイメージがあるのだ。その「ランデブーバー・ラウンジ」の副支配人が若松健次さんだ。だが、いまやバーテンダーの役よりも、その混み合う入口を整理する案内人の役をすることが多いという。

「ランデブーバー・ラウンジ」には、ざわざわしているように見えて、適度に抑制された雰囲気がただよっている。初対面の人とも、仕事関係の相手とも、適当な距離をおいて話をすることができる。そして、ひとりで時をやりすごそうとする時なども、席に着いてみると奇妙な落ち着きを与えられる、使い途によってどのようにも対応してくれるような雰囲気がただよっているのだ。

それゆえに、各種の目的を持つ人々が列をつくる。そして、〝列《なら》ぶ〟イコール〝待つ〟であり、とかくフラストレーションを生じやすい場とも言えるのだ。とくに、少し高くなっている入口あたりからは、ラウンジ全体を見わたすことができる。空いている席があるのになぜすぐに案内しないのか、という不満が案内係に向けられることもしばしばだそうだ。ラウンジを利用するのは、特別な人をのぞいては、そこでゆっくりしたいというより、限られた時間の中でその時どきの目的をこなすために立ち寄るという人が多いから、待たされることに過敏になるのかもしれない。とくに商談が目的である人などは、待たされることに苛立ちをおぼえやすいだろう。したがって、ラウンジの入口にはコンダクターがいないと厄介なことが生じる可能性が高いということになるのだ。

——入口の仕切りはむずかしいでしょう。

若松　だいたい二人で担当するんですけれど、お子さま連れのお客さまでしたら、ソファの席にご案内するとか、そうやって二人で席を振っていくんです。お客さまがいろんな方向からいっぺんに来られて、どの方が先頭なのかが分からないときもありますしね。

——みんな、自分が先頭なんだって顔して立ってますからね、撫然として（笑）。

若松　土日などは、ご婦人などの場合は、せまい席へご案内するときに一声、了承を得る言葉をおかけしています。

——すいていても、係の人がご案内するシステムなんですね。

若松　そうですね。

若松さんは、言葉と表情にニュアンスがある人だ。一見、ぶっきらぼうに見えながら、その内側から、ユーモアや親しみがじんわりとにじみ出てくるような感じがあるのだ。いまは入口をチェックする役どころを守っているが、若松さんといえば、「インペリアルラウンジアクア」の勝又康浩さんがかつてあこがれたバーテンダーのひとりであり、やはりバーテンダーらしい雰囲気が、会話の途中でちらちらと伝わってきた。鹿児島県出身ということから、私は若松さんに〝異色の薩摩隼人《さつまはやと》〟というキャラクターを勝手にかぶせた。何かの折に、鹿児島県の県民性として、保守性と革新性、後進性と先進性という相反する特性を合わせもつということを聞いたことがあった。若松さんには、そんな二律背反的特性に、バーテンダー特有のセンスを加えてシェークしたカクテルのような味があるのだ。

若松さんは、夜遅くなっていくらかラウンジが静かになる頃、カウンターの内側にいることが多いという。そして、オールドバーは十二時に閉まるのだが、ここの「ランデブーバー」は午前一時まで、帝国ホテルの中でもっとも遅くまで開いている店なのだ。

となれば、遅い時間に若松さんを目当てにやって来る常連がいるのではなかろうか。

若松　アクアへ行かれ、オールドバーへ行かれたあと、ランデブーに寄ったりと、順にハシゴされているような感じのご常連さまが、けっこういらっしゃいますね。

――ということは、帝国ホテル内でのバーのハシゴですか、これは面白い飲みコースですね。若松さんはオールドバーにもおられたから、その時代のお客さんなんかに声をかけられることもあるでしょうね。何しろ、若松さんは入口のところに立ってらっしゃるんだから（笑）。

若松　姿が見えたから寄ってくださったっていうような感じは、うれしいですね。

――で、ここのバーコーナーで一杯やって帰る、いいなあ、今度からそのコースにしよう（笑）。

若松　それから、帝国ホテルのパブリックスペースはすべて禁煙なんですけど、ここのバーの奥のほうはタバコを吸えるところなので、そこを喫煙所だと思って入ってこられるお客さまとか。

――この嫌煙時代の最後の砦が、こんなところにあったのかと（笑）。それにしてもこの仕事場はまったく仕切られていないから、ロビーや中二階を通るお客からも見わたせるし、従業員にとっては上司に見張られてる感じなんかもあるんじゃないですか。

若松　中二階からは全身丸見えです。上司も上から見てますから。そういうときはもう歩き回って、忙しいふりみたいなことをします（笑）。

――余裕があるのか、緊張してるのか。

若松　ひまなときにかぎって、見られているような気がするんですよね（笑）。

若松さんは、こうやって短い会話の中にも時おりバーテンダーの片鱗をちりばめてくれる。そんなことを思いながら、私はオールドインペリアルバーで食べたアメリカンクラブハウスサンドイッチのことを思い出した。

私は、クラブサンドイッチというものが大好物なので、外国や日本のホテルでメニューの中にそれを見つけると、つい注文してしまうのだが、あとでかならず後悔することになる。それは、クラブサンドイッチの厚さというか高さというか、あの高く積み上げられた塊を、どうやって口に入れるかを悩んだあげく、やはり悲惨な状態で食べることになる、それが分かっていながらなぜ注文したのかと悔やむのである。目ではなく口にあまるのである。

実際、クラブサンドイッチの食べ方はむずかしい。フォークやナイフが添えられていればそれを使ったため、よこからはみ出す中身が目のうらに浮かんで悩みがますし、かぶりつけば口のまわりがわやわや、両手もわやわやとなることうけあいなのだ。もし、自分の家であれを食すならば、度胸よくかぶりつけばよいのだが。

クラブサンドイッチは、大雑把に言えばアメリカ風のサンドイッチであり、軽く焼いた食パンを三層にし、チキンまたは七面鳥の肉、ハム、レタス、トマトなどをはさんだもので、とくに上品に食べるものでもないことは分かっているつもりだが、ともかく口にあまるそのあつかいに四苦八苦するし、そしてうまいのだから厄介きわまりない。

また、家でつくるクラブサンドイッチとホテルで出されるものとくらべれば、味のレベルにはもちろんアマチュアとプロの差がある。味に惹かれながら食べ方にはね返される……その連続が私にとってのデスマッチ的クラブサンドイッチ史というものだった。

人の目を気にしすぎ、気取りすぎ、スマートを志向しすぎ……これらのお叱りは甘んじて受けましょう。だが、自分の性格とクラブサンドイッチが握手する日はないものかと、日夜といえば大袈裟だが悩みをかこつうち、帝国ホテルのオールドバーのメニューの中にクラブサンドイッチの文字を見つけた。

そしていつものようについ注文した直後、またもや後悔の念をもてあそんだものだったが、出てきたクラブサンドイッチの瀟洒《しょうしゃ》というかすっきりというか、小ぶりな姿かたちを見て、宿痾《しゅくあ》といえる病いが、最新治療法によっていとも簡単に治癒するに似た気分を味わった。そして、味にも大満足した上で、積年のあこがれであったアルプス北壁かなんかを征服したような感動にひたりつつ、大好物のクラブサンドイッチを悠々と食することができたものだった。

大袈裟？　いやもちろんそれは承知の上だが、クラブサンドイッチについてのこの悩みは私ひとりのものではなく、共感していただく向きも多いという自負もある。

――帝国ホテル内のクラブサンドイッチは、どこもオールドバーのものと同じサイズですか。

若松　同じです。このランデブーバー・ラウンジでもけっこう人気がございますね。

――ふつう、あれは食べにくいサイズですよね。

若松　女性のお客さまには、ナイフとフォークを使ってらっしゃる方も。

――あれくらいだったら、ナイフとフォークでもはみ出しそうにない。ちゃんと結果を考えてるサイズみたいで。

若松　あれは定番商品で、先代料理長の村上信夫の頃にあのサイズ、規格が考えられたんですね。やっぱり、ホテルのレシピとしての厚さっていうのを。

――いやあ、ふつうは意地悪みたいにでかいですからね。しかし、そんなところにも村上信夫さんのセンスが生きてるんだ。いや、ぼくのひとりストラグルに根拠を与えてくださってありがとうございますと、お礼を申し上げなきゃ。あのサイズをつくってくださった村上信夫シェフにですよ、それを教えてくれた若松さんじゃなくて。

若松　分かってます（笑）。

若松さんは、一九八六年（昭和六十一）に入社と同時に鹿児島から上京し、一年間レインボールーム（現インペリアルバイキング サール）で仕事をしている時間の中で、バーテンダーの仕事にあこがれを抱いたという。その後、夢がかなって、バーテンダー職となり、レインボーラウンジで四年半、ランデブーバー・ラウンジで六年、オールドインペリアルバーで十年という経歴をつんで、ランデブーバー・ラウンジの副支配人としての業務につくにいたっている。

ランデブーバー・ラウンジのスタッフは四十七名、若松さんの仕事は基本的には席への誘導だが、多い日には千人以上のお客があるというから、待たせずスムーズに案内するのがむずかしい。行列先頭の三、四組がどのようなお客なのかを把握し、空きそうな席をも頭に入れて、パズルのようにあてはめていかねばならないのだ。

——この場所の使用目的はかなり幅広いんでしょうね。

若松　お客さまの半分は喫茶利用ですね。で、平日は商談のお客さまがメイン、休日はケーキセットやアフタヌーンティを楽しむ女性のお客さまが多いです。ともかくロビーラウンジならではの層の広さですから、お客さま模様といいますか、拝見していて楽しいです。ひとりで見えて、プラッといなくなって、そのまま何時間ももどって来られないというような、ちょっと危ないケースまで（笑）。

――何しろ、ホテルは誰でも入ることができるんだけれども、入口でチェックするわけじゃないですから、とくにロビーラウンジなんかは、無防備な空間ですよね。人の善意を信じた上に立ってのセキュリティということになりますからね。そんな仕事場なんだから若松さんが職場に身をおいて見る人といったらおびただしい数なんでしょうね。

若松　そうですね。休み明けで来て、ランデブーバー・ラウンジの入口に立つと目が回ります、最初（笑）。

――それくらいすごい職場なんですね。

若松　ですから、ロビーラウンジは〝ホテルの顔〟とも言えるわけで、ここならではのやりがいがあるんですよね。壁に囲まれていないオープンスペースの、全身を見られている緊張感……これはロビーラウンジ独特のものです。ですから、後輩にはいつも、〝ホテルの顔〟たるロビーラウンジで働くことに誇りを持て、と言ってるんです。

最後の言葉には、若松さんの生真面目な薩摩隼人の一面があらわれていた。それがおそらく、若松さんの芯にある気質なのだろう。〝席へ案内する〟という、レストランとはまたちがう、人の心の機微に触れなければこなせぬ仕事の奥を、ちらりとのぞかせてもらったような気分を、若松さんの言葉に与えられたような気がした。そして、このあといくつかの館内の店をのぞき、もう一度ランデブーバーにもどろうと思い立った。〝帝国ホテル内のはしご〟実践をして、最後に若松さんにシェーカーを振ってもらったドライ・マティニーでも味わってみよう、とひそかに決めたのだった。

実際、私は若松さんの言葉にあやつられるように、帝国ホテルの中をぐるりと巡ったあげく、けっこう遅い時間になってランデブーバーにやって来てしまった。すると、入口近くではなく奥のほうにいた若松さんが、飛んで火に入る夏の虫とばかり、私に合図のような会釈を向けた。私は、夏の虫の気分で奥のソファに陣取り、若松さんにドライ・マティニーをつくってもらい、垂涎《すいぜん》の的たるクラブサンドイッチをわざと注文せず、ラム・チョップというメニュー名の仔羊のグリルを頼んだのだが、悔しいことにこれが絶品。これは誰の発明ですかとたずねようとしたが、偶然通りかかったように私の前を通りすぎる若松さんと目が合いそうになり、その質問の言葉を呑み込んで、かろうじてポーズをかためていた——。

4
調理場・宴会場という領域

氷彫刻　平田謙三

消える芸術にいそしむ氷彫刻の左甚五郎

帝国ホテルの二階の一角に、そこだけ冷んやりとした別世界のような、職人の作業場あるいは砦といった感じの四坪ほどの空間がある。そこへ出かけて来ては氷彫刻をつくり、仕事を終えれば帰ることをつづけているのが、氷彫刻の平田謙三さんである。

ホテルの宴会場にすえられた氷彫刻は、いつごろから目立ちはじめたのだろうか。大規模な宴会やパーティが成立する時代となって以来のことであれば、日本の高度成長期からバブル時代への流れのなかで、氷彫刻は会場の華やぎの象徴としての役割を、身におびていったにちがいない。

一九四三年（昭和十八）の生まれだという平田さんの、胸までをカバーするビニール製の作業用エプロンに白い軍手という出で立ちからは、作業場における作業員といったイメージが立ちのぼり、その内側にひめられているであろう職人らしいロマンやこだわりを透かし見ようとする私の目が、はぐらかされそうになる。無駄な気取りや構えをあらわさず、いや大したことじゃないんですがね……という煙幕が、平田さんの表情や仕種や気さくな応対にまぶされているようなのだ。だが、眼鏡の奥の愛嬌のただよう目の奥を、時おりかすめる鋭い光は、平田さんの軀《からだ》の中で脈打つ、職人としての気概、気骨、意気地をあらわしているにちがいなかった。

平田さんは、高校中退後に出身地の名古屋から東京へやって来て、二十五年間ほど飲食店での仕事をしていたという。

——その飲食業時代の主なお仕事は？

平田　まあ、主にニンジンを削ることで。

——ニンジンを切る、ではなくて削るんですか。

平田　オードブルの皿の横にある飾りニンジンとか。

——そういう細工物の仕事をまかされるというのは、もともと手先が器用だったんですか。

平田　いま思えば、小学校一年生、二年生のころ、絵うまかったですよ。好きだったんですよ絵が、それと体操。あとの勉強はぜんぶきらいだったって感じで（笑）。

——そういう小学生が成長して、大得意な絵とかかわる仕事と出会ったってことですよね。で、ニンジンを絵のように上手に彫ったと（笑）。

平田　木を彫る道具を使ってニンジンの細工をしていたんですがね、そのうち出入りの氷屋さんにすすめられて、氷を彫ってみたら彫れちゃったという、ただそれだけなんですよ（笑）。景気のいい時代だったから、お客さんの誕生日に氷細工のオブジェみたいなのをつくったり。そのチップがけっこういい稼ぎに（笑）。

――氷彫刻というジャンルは成立してたんですか。

平田　ありました。その氷彫刻の大会があるということをある人に教えてもらって、出てみたりして。吹けば飛ぶような飲食店につとめていた人間ですが、対戦相手は帝国、オークラ、オータニ、プリンスという錚々《そうそう》たるホテルのコックさん。

――で、優勝されたんでしたよね。

平田　やっぱり優勝すると、ちょっとその業界では知れるものですから、横浜のホテルとかいろいろ注文がくるようになって、飲食店の仕事をベースにそういう注文をこなしていると、仕事のバランスがくずれて。もともとこれ、趣味ではじめたんですよね。その趣味が本職になればいいなと思っているうち、人に紹介されて帝国ホテルへ。

――ようやく帝国ホテルにつながった（笑）。で、平田さんはホテルの従業員ではないんですよね。

平田　従業員ではないんですね。

――つまり、この仕事場に来て仕事をして帰るという現在の立場があるわけですが、それじゃその立場は〝個人〟ですか。

平田　そうです、社長です（笑）。

――社長のいる会社へ出かけて来て仕事をしては帰ることをくり返す別な社長……面白いですね。で、それからもいろんな土地の氷彫刻大会には出場したんですか。

平田　行きました。札幌や旭川の大会も行きましたね。年に一、二回ぐらい出ましたね。

――で、成績は？

平田　あの、おかげさまで（笑）、優勝させていただいて。

――さすが社長ですね（笑）。それからオリンピックにも出場されたとか。

平田　冬季オリンピックのエキシビションというんですか、競技場とは別な会場で。長野、ソルトレイク、リレハンメルにも出ましたが、リレハンメルでは銅メダルをいただきました。

――開会式や閉会式の演出ではなく、競技としての氷彫刻のオリンピックですよね、銅メダルはすごい。やっぱり、氷彫刻は確乎たるジャンルなんですね。

実は、オリンピックのときは、息子さんとタッグを組んでの出場だった。平田さんは、高校を出た息子さんを同じ道にさそって、帝国ホテルの仕事場で十年近く一緒に仕事をした。その息子さんが、ホテルニューオータニに社員としてつとめるようになると、平田さんにとってふたたびたったひとりの〝社長〟の時間がはじまったのだった。

平田さんの仕事場には、これから作業にとりかかる氷の塊《かたまり》、ポリバケツ、ドリル、チェーンソー、何種類かのノミや彫刻刀、おそらく合理的につくられているのであろう作業台、ビール瓶のケースを引っくり返した椅子、何枚かの板、ステンレスの水槽、壁にピンでとめられた作品のイメージ用の写真やイラスト、「戸締確認」と「戸締り確認おねがいします」という念押しの文字が書かれた紙などが目についた。

内側の冷凍室には、完成した作品や作業途中の作品が、時を止めて文字通りフリーズしている。さらにその内側にもさらに温度の低い冷凍室があり、そこには手をつけていない材料としての氷の塊がおさめられているようだ。

壁にピンでとめたイメージ用写真の中に、アルゼンチン・タンゴの男女の極め付けのポーズを決めた瞬間の、白黒とカラーの二枚があった。そこから、平田さんのイメージによる他の人とちがう作風がつくられてゆくのだろう。平田さん自身の絵ごころと与えられたテーマ、そして作成の過程で舞い降りるイメージやひらめき、それに道具による効果などが組み合わされて、作品が仕上げられる。私は、氷彫刻をつづけてきた平田さんのひらめきに、強い興味を抱かされた。

——氷彫刻の平田さんの作品のレベルというものは、作品をつくりつづけることによって、刻々と上がってくるものなんですか。

平田　それはあると思います。つくりつづけているから、新たなものを考えますね。

――新たなものっていうのは、たとえばどんな？

平田　氷彫刻に色の効果を出すっていうのは、ぜったい無理だと思っていたんです。色を仕込んでも、解けて垂れるからです。そんなとき髙島屋さんのパーティがあったんですよね。で、髙島屋さんといえば包み紙でもバラが象徴ですから、氷の中にバラの花を入れたら面白いんじゃないかと。

そこで平田さんは、二枚の氷を接着させる工夫と、バラ色に着色したゼラチンの組合せを考案した。まず、一枚の部厚い氷の板の裏から、ドリルで穴をあけながら、花びらのかたちを彫りこむ。そこへ着色したゼラチンをつめこむと、反対側からはくっきりとした赤いバラの花びらに見える。ただ、そのままにして時がたてば、バラ色は解けて垂れ、見栄えのしないものとなってしまう。そこで、ゼラチンをつめこんだバラの裏側に、もう一枚の氷の板を接着させる。つまり、二枚の氷の板によって赤いバラの花びらを、ぴったりとはさんでしまうというわけだ。氷は周囲から解けるから、中に入っている花は最後まで解けない。

二枚の氷を接着させる工夫についても、平田さんは実演して見せてくれた。表面を削ったり、お湯であたためたり、水を用いたりして、氷の表面の状態と温度差をあやつることによって、二枚の氷がぴったりとくっついてしまう。氷の左甚五郎《ひだりじんごろう》……私はそんなことを思いながら平田さんの手さばきに見入っていた。

それにしても、会社の象徴であるバラの花が入った氷の彫刻……注文主はさぞかしおどろき、よろこんだことだろう。

作品は、完成後に冷凍庫に置かれるのだが、それはかたちを引きしめるためだという。その作品を冷凍庫から出しても、三十分ほどは透明にならず、白っぽい色をしている。それを、パーティが始まる三十分前に会場に入れる。すると、パーティが始まったころに表面が解けはじめ、透明感が生じるのだという。そのときのバラの花は神秘的であるにちがいない。

ただ、作品に透明感があらわれた現場を、作者である平田さんが目撃することはないはずだ。その美しさは、平田さんにとって手の内にあるものであり、あえて見とどける必要はないということかもしれない。それが、最終的には消えてなくなる作品をつくる作者の、私などには理解のとどかぬ潔さであるのだろう。

宮大工が、自分が職人として手がけた建物の梁《はり》の裏側あたりに、自分の名を記すという話をどこかで聞いたが、氷彫刻は建造物とちがって、作品そのものが消滅してしまう運命にあるから、作者である証明を残すことはできない。ただ、それを百も承知でつくる職人に向かって、感傷をからめるのは笑止千万というものだろう。パーティが行なわれる三時間という時間の中で、作品が生きたかたちを保つのが腕の見せどころ……というのが平田さんの職人としての自負心にちがいないのだ。

また、別なアングルで見るならば、氷彫刻は刻々の時に応じて変化する生き物のようであり、どの瞬間が完成品であるかが、きわめてあいまいな作品とも言えるのではなかろうか。もし、発注されるテーマが何もなく、自由に氷彫刻をつくるとしたら、平田さんはいったいどんな作品を彫るのだろうかと、ふと想像したりもした。

しかしそんなことより、二枚の氷柱が表面の温度や肌合いによって完璧に接着する道理の発見や、氷が解けて透明感をおびる瞬間の神秘、あるいは氷の中にバラの花をさしこむ工夫の成果など、その時どきのさまざまな氷という存在の面白さと取りくんでいることの連続に、平田さんはひたすら充実感をおぼえつづけているにちがいない。

百三十五キロの氷の塊から、ドリル、チェーンソー、ノミなど十種類以上の道具を使って、作品を彫り出してゆく。そのさい、基本となる百三十五キロの氷の塊の上に、氷の塊を何段かつみ上げてゆくのに四時間、彫るのに四時間、そのすべてをひとりでこなす重労働、そのあげくに作品が消えてしまう宿命の職人芸……これもまた、職人《アルチザン》と芸術家《アルチスト》の境界線など、ひとまたぎしてしまいそうな領域だ。

――残らない作品をつくる作家……花火職人から料理人まで、そういう領域に生きる人は多いと思いますが、解けて消えてなくなる作品をつくる者として、何か感慨はありますか。

平田　よく言われるんですよ、残したほうがいいんじゃないかとか、木か何かで彫ったらとか。でも、私にはそういう気もないし、孫がこのまえ見に来たんですよ、氷彫刻大会を。そのとき優勝したりするわけじゃないですか。そうすると、私が亡くなって何十年かたって、「ああ、おじいちゃんはうまかった、上手だった」って言ってくれると思うんですよ、本物は見ていなくても、イメージで。そのほうがいいかなと思って。

——イメージは、時間がたつと消えるどころか大きくふくらみますからね。

平田　絶対に美化してくれると思うんですよ（笑）。うまくとらえてくれると……そのほうがいいなって。

時の変化と作品の変化が一体化している職人とアーティストの間《はざま》にある領域、氷彫刻の作家らしい言葉だと思った。そんな平田さんの意識が、帝国ホテルにおける大宴会や大パーティの華やかさの奥で息づいている。これは、その会場の出席者にも気づかれることのない、特権的な脈搏というものではなかろうか。そんなことを思っていた私に、「ちょっと自慢しちゃおうかな」と言って、平田さんは冷凍室から黄色がかった氷の塊を持ち出して示した。そして、これで金の鯱《しゃちほこ》を彫ろうと思って……と、その作成の段取りを話しはじめた。それがどんな会社のどのようなパーティに供されるかは知らぬが、出席者にはぜひ、主賓のスピーチの隙間をぬって、氷による金の鯱の表面の艶やかな解けぐあい、透明感のおびぐあいに、ちらりと目を向けていただきたいという気分が、果てしなく構想を語る氷彫刻の魔術師の表情にかさなったものだった。

ベーカリー　金林達郎

パンと日本人という巨大で厄介な命題

金林達郎さんは一九五〇年（昭和二十五）、つまり朝鮮戦争が起こった年の生まれで、私より十歳下の人だが、戦後における幼少時代のパンにまつわる記憶は、どうやら似たり寄ったりのようだった。

まずは食パンとコッペパンで、その他にあったのはアンパン、ジャムパン程度だった。コッペパンの〝コッペ〟は、「切った」の意のフランス語Coupé《クーペ》の訛りだと言われ、イギリス系の食パンを小型にし棒状に整形した紡錘形のパンで、これが私たちの時代の給食にも出た。それでは長方形の箱形の型を使って焼いたパンが、なぜ食パンと呼ばれるのか。食べないパンはあり得ないのだが……と辞書を引くと「本食《ほんしょく》のパンの略。主食となる四角いパン。西洋料理の〝もと〟となる食べ物のパンという意味で、イギリス系の白パンをさしたもの」と出ていた。

「日本のパン食というのは、ベースはアメリカの農業政策ですからね。余剰の小麦をどうしよう、それには戦争で占領した日本の子供にパンを食わせろと。そういうところから生まれたのが、パンと脱脂粉乳の組合せによる学校給食なんです」

その金林さんの言葉は、私の思い出ともぴったりかさなっている。戦後に日本人が白米を食するところに復興するまでは、各家庭にパン食が広まり、これが〝代用食〟と呼ばれていた。

したがって、東京生まれで目黒に育った金林さんの目からも、近所にあったパン屋というのは、食パンとコッペパンが主で、それにマーガリンや粒々の入った妙に赤いジャム、あるいはピーナッツバターをうすめたようなやつを塗ったものを売っている程度の店だった。

金林さんは、目黒区の祐天寺に生まれ育ち、大学受験の浪人中に車の免許をとった。単に車の運転がしたかったという理由だったが、運転ができたことが「メグロキムラヤ」において車でパンを配送するアルバイトをすることにつながったわけで、これが金林さんとパンの道との初遭遇ということになるのである。

そこで二年ほど働くうち、気づいたときはパンの製造を手伝うようになった……というのが、その頃をふり返っての金林さんの記憶であるらしい。パンの配送とパンの製造とのあいだには、かなりの距離があるような気がするが、そこをすいと越えたあたりに、金林さんとパンの宿命的出会いのようなものを感じさせられる。

やがて、「メグロキムラヤ」が倒産し、金林さんはその専務だった人が別のパン屋「メグロバーゼル」をはじめるさいにさそわれて入社し、日本製粉の横浜工場で二か月の研修を受け、パン職人となる道をえらんだ。そのあと浅草橋の「ドーメル」につとめたが、この「ドーメル」における時間が、金林さんのパン職人としてのベースをつくった。

「ドーメル」の社長はきわめて教育熱心な人で、その環境の中で講習会に参加するうち、製パン理論というものをしっかりと学んだ。やがて勉強会で、「ドンク」の仁瓶利夫氏、桜新町でパン屋をしている明石克彦氏と出会った。そして、これまで考えたことのなかった、パンがどういう条件のもとに膨らむのか、おいしくなるのかなど、パンという存在の根本に触れてショックを受けたという。

仁瓶氏はフランスパンの、明石氏はドイツパンの権威であり、同じ土俵ではとうてい太刀打ちできぬと、金林さんは酒種、ホップなどの天然酵母の勉強をはじめた。やがてその分野をある程度きわめて、ようやく両者と対等の話ができるようになったと、金林さんは当時をふり返る。

そんな金林さんに一九九四年、恵比寿でオープンするジョエル・ロブションによるレストラン「タイユバンロブション」から声がかかった。そこでも天然酵母でつくれるというので、「ドーメル」から「タイユバンロブション」に移った。その頃、日本のパン業界はようやく、アンパン、クリームパンがメインだった時代から、フランス料理に合うパンづくりに移行していた。そこで、金林さんはフランス研修の体験をした。
金林さんは、辻調理師学校の講師を数回つとめつつ二年ほど働いていたが、そのあとは独立してパン屋を始めようと思っていたそうだ。そんなところへ帝国ホテルとの縁を決める話が舞い込んだ。

金林　たまたま、ホテルでパン屋を探しているという話を聞いて、帝国、オークラ、ニューオータニの三つ以外なら行かないよと答えてみたら、その三つならいいんですかと言われ、つい……。

――で、一九九六年三月に帝国ホテルへ入られたわけですが、その時期の帝国ホテルのパンは、パン職人金林達郎にはどのように映ったんですか。

金林　ホテルのパンというのは、食材は自由に入るようになっていても、けっきょく「パンのようなもの」だったんだと思うんですね。フランス料理ですからフランスパンだったわけですけれども、アメリカからホテル枠といって別枠で配給があった小麦粉は、蛋白の強い麦ですから、ふわふわのパンになっちゃうんですね。それをフランス料理に合うようにかたく焼くというのは至難のワザなんですよ（笑）。そういう時代がずっとつづいてきて、「何々ホテルの」と頭にくっつくパンというのが出現した。いまでも、スーパーなんかに行くとホテルブレッドと称するものがありますよね。要するに、ちょっと豪華なパンというか、ちょっとコストがかかっているなというふうに見えるパンは、何とかホテルブレッドになっちゃうわけなんですよ（笑）。

――現在の金林さんのアングルでその時代に目を向けると、どんな感じなんでしょう。

金林　パン屋というスタンスから考えますと、まず街の小さなレストランでは、自分の気に入ったパンを出せないんですよ、それはいわゆる〝三つ星〟もふくめてなんですけどね。パリの三つ星レストラン、どこを回っても三百席も四百席もある店は、一軒もありませんでしょう。多くて五十。そうすると、五十人前のパンというのは、少なすぎて焼けないんです。

――そういうことなんですか。

金林　私が帝国ホテルにお世話になる前にいたジョエル・ロブションの店はその三つ星レストランですが、そこで焼きたてのパンが出したいと。料理もきわめ、ワインもそろえ、優秀なスタッフもあつめました……で、テーブルの上をふっと見わたしてみたら、まだパンがあるじゃないかと思ったんでしょうね、きっと。でも、三十席や四十席の店では、パンが焼けない。街のレストランでは、昼にせいぜい百個、夜に百か百二十……その程度のパンを焼くだけでは、とても給料は払えないですね。つまり、街のレストランではパン専門の職人というのは雇えないんですよ。

――で、一九九六年当時の帝国ホテルのパンは？

金林　やっぱり、その話にいきますか（笑）。

——これは、金林節ならではの世界ですから、よろしくひとつ（笑）。

金林　あ、そうですか。いや、見事にひどかったですよ（笑）。いまとちがって、簡単にヨーロッパに行ける時代じゃなかったですからね。パン職人といえどもフランスパンというのを見たことがない。見たことがない、食べたことがない人たちが、フランスパンを焼けと言われるわけですよ。かたいパンらしい、砂糖も油も入れないらしい……という感じで、フランスパンと称するものをずっと焼いてきた。ところが、一九六八年か九年に、青山に「ドンク」というフランスパン屋さんができたんですね。私はそのころ街のパン屋でしたから、「え、フランスパンというのはこういうものなんだ」というところから始まって。でも、帝国ホテルに来たらおどろきましたけどね、〝のようなフランスパン〟が脈々と焼かれていたんですから（笑）。

——どうぞ、先をつづけてください（笑）。

金林　だから、本当にすごかったですよ、石のような食パンと麩《ふ》のようなフランスパン（笑）。最初は、一年くらいで何とかなるかと思ったら、ひとりではまったく歯が立たなかったですね。現場からの苦情も、「食パンがやわらかくてサンドイッチができない」「フランスパンに気泡があって、カナッペにしたときイクラがこぼれる」といったレベルで、一年で五キロ痩せましたね。

それにしても、ある時期までの帝国ホテルにおけるパンづくりは、金林さんの目からは悲惨だと映ったのはたしかだということだ。そして、そのあと帝国ホテルのパンづくりのレベルを軌道にのせるまでの、金林さんの意気込み、努力、戦略の結果として、ようやく帝国ホテルにおけるベーカリーの地歩がきずかれたのだった。

このようないきさつを知るにつけ、レストランにおけるベーカリーという存在の位置づけは、きわめてむずかしいものだと感じさせられた。

金林　ホテルのレストランでも宴会でも、メニューにパンはパンとしか書いてないでしょう。

――それはその通りだ、どういうパンまではたしかに書いてないですね。

金林　絶対ないです。ブフェのメニューには、パンなんて一言も登場してこない。パンというのは〝テーブルの上にあるもの〟なんですね。花とパンはテーブルの上にある。パンお客さまが勝手に召しあがるもの。イタリアンレストランで、グリッシーニが立っているのと同じ。要するに、お客さまが食べたければ召しあがる、パンはそういう存在なんです。

――テーブルにおけるパンの存在価値って、考えてみれば複雑なんですね。

金林　たとえば、フランス料理のテーブルでパンが次々と注文されたとします。そうすると、お菓子屋さんから苦情がくる。デセール（デザート）を食べてもらえなかったのはおまえらがわるいんだ、パンの食べすぎのせいだと（笑）。けっきょく、料理と料理の合間をもたせるのが、日本人は苦手なのかもしれないですね。だから、ついパンを食べちゃう。会話を楽しんだり、ワインを飲んだりするところで、黙々とパンを食べているんですね（笑）。料理がタイミングよく出ていけば、パンはほとんどなくならない。

——きょうはパンが減ったなというときは、ずいぶん間がもっていなかったテーブル（笑）。

金林　三百をこえる宴席になりますと、どうしてもサービスが遅くなるじゃないですか。そうするとパンの消費量はふえますね。

——パンというアングルからテーブルを見ると、本当に面白いですね。

金林　以前、南米のチリの方々の宴席があって、チリのパンを焼いてくれというリクエストがあったんですよ。それでチリのパンとはどんなパンなのかと思って、インターネットで「チリ」を検索したら、唐辛子の入ったパンがいっぱい出てきた。国名のChileを「Chili」で検索しちゃったんですよ。そうしたら熱帯アメリカ産の唐辛子が出てきちゃった（笑）。

——それで唐辛子入りのパンが……。

金林　チリの大使館が芝公園のすぐ近くにあったものですから、ちょっと寄って、どんなパンを食べているのかをたずねて。「そのパンの名前は何というのか」と聞いてみたら、「アジュージャ」という答えが返ってきて。それでも見当がつかず、大使館の女性にチリのレストランで撮った写真を見せていただいて、試作品をつくって大使館へ持って行ったんです。そうしたら、参事官とか一等書記官が試食して、「あぁ、なつかしいパンを食べさせてもらった」と。「これで当たりなんですか」と言ったら、「これは本国のパンよりおいしい」と言っていただけました（笑）。

――びっくりしたでしょうね。

金林　でも、その宴席ではパンをそんなに召しあがっていただけなかったんですよ。

――それは、テーブルの会話がよかったんだ（笑）。

金林　日本というのは、世界でいちばん高い小麦粉を買っていますからね。カナダからも、カナダ・ウエスタン・レッド・スプリングという銘柄の中で、ナンバー1からナンバー3まであるんですけど、つねにナンバー1を買ってるんですよ。北米、カナダの国境地帯でとれるものその他、最高ランクの小麦粉を輸入して使っていますから、まちがいなく南米のパンよりおいしくなるはずなんです。

――チリの人だけじゃなく、カナダの人もびっくりのパンができてるんですね。

金林　カナダに住んでいる友だちが、「カナダはパンがうまくない」と。だから、おいしい粉を外国に輸出して、残りの粉でつくっているからだよと（笑）。でも、じゃあ高い粉をつかえばおいしいものができるかというと、そうでもないんです。私が帝国ホテルに来たときはすごかったですよ、小麦粉の銘柄でいうとスーパー何とかウルトラ何とかハイパー何とか、高いものを使っていた。高い材料はおいしいという発想ですね。それを変えようと思って仕入れのセクションに申し込んだら、こんな安い粉でいいんですかと。要するに、高い安いより向いた小麦粉というのがあるんです。フランスパンをつくるにはフランスの粉がいいでしょうし。いわゆる最高価格の小麦粉で食パンなんかつくると、やはり合わない。うどんにするような粉も、向くパンには合いますから。

――ちょっと話がちがうかもしれませんが、ご飯なんかは炊きたてと、ちょっと蒸《む》らしたときと、冷めたときのそれぞれの味があって、冷めたご飯にイワシの丸干しを焼いたのをのっけて、熱いお茶をかけて食べるとこたえられないといったことがありますが、焼いたあとのパンの食べどきってものはあるんですか。

金林　あ、いまこっちの世界に入っちゃいましたね（笑）。パンだってオーブンから出て、パリパリ……これはパンが歌うと言うんですけど、その歌声がとまったところ……パンの中の水分が皮のほうにうつっていって、ちょうどいい食べごろというのがやっぱりあるんですね。そこが分かってもらえない。料理のときにパンを温めて出すのがサービスだと思っている人たちがいるんですね。でも、パンというのは焼き上がって、小さいパンですと小一時間したところが、たぶんいちばんおいしいんだと思うんですね。それもちょっと冷めごろですね。冷たくなっちゃいけないんですけど、ちょうど室温ぐらいまで冷めたころが、いちばんおいしいはずなんです。ある程度熱がとれて、おいしく蒸らしたご飯と同じ状態でほんとは召しあがっていただきたいんですけど、なかなかそうもいかなくて。

――パンは生き物ってことですね。

金林　ただ、温かいパンというのはおいしくはないんですけど、うれしいのはたしかだろうとは思うんですね。だから、そういう意味でのよろこびがお客さまにあるんだとしたら、温かいパンを切り捨てちゃうのもいかがなものかと、このごろはながいしっぽを少し丸めています(笑)。

――おいしいという感覚と本物のパンとの関係、そのあたり、むずかしいテーマですね。

金林　ともかく、もともと日本の伝統に合った食べ物じゃないですからね、パンは。

――あそこのパンを食べに行こうと言ってレストランへ出かけることはないですよね。パンは店に行く目的にならない。にもかかわらず、おいしいパンは厳然と存在しているわけで。

金林　私は個人的な食事のとき、とりあえず自家製パンと銘打ったレストランはさけてます(笑)。

――ここまでお話をうかがっていると、自家製のおいしいパンをつくること自体が無理だっていうことが分かりますが。

金林　イタリアのパンはそんなにむずかしくはないんですけど、それでもレストランの厨房でできるレベルの作業では、決してないと思うんですけどね。コックさんがパンのほうまで気を向けてくれるのは、わるいことではないと思うんですけど、よりおいしくというのがまちがった方向にいくのは困るなと。じゃ、日本におけるパンの本当の方向はどっちなんだと（笑）。

——たしかに、平均的日本人の食卓にご飯に加えてパン食が登場してからだって、五十年くらいしかたっていないでしょうからね。その日本人にとってのパンの本当の方向がどれかというのはむずかしい。

金林さんによれば、帝国ホテルの地下にあるベーカリーの規模はおそらく世界一だろうという。たしかに、フランスパン、ドイツパン、そしてその他のパンを焼く巨大なオーブンから、おびただしい量のパンが次々と焼かれて出てくる光景が、金林さんの言葉に説得力を与えているようだった。その規模をベースにした技術的能力と、金林さんをはじめとするスタッフのセンス、思考、対応力、パンという文化に対するロマンなどの組合せが、帝国ホテルのパンを生み出しつづけている。

花とパンはテーブルにある風景、メニューに書かれないパンという存在、パンの消費が多いときはテーブルに会話がないとき、日本人にとってパンはいまだに代用食……そういった気分について語る金林さんは、ちょっと寂しそうな表情だ。また、オーブンから出たパンの歌がとまったところというおいしい食べごろについて、お客の注文に応えるパンをつくったときのエピソードについて、心強い同志といえるスタッフについて語る金林さんの表情は、職人の自信と覚悟と夢をあらわしているようでもあり、根づきにくいこの国の土壌に舞い降りて、とまどいを見せつつ焼き上がって膨らんだパンの気持に、その思いがかさねられるようでもあった。

どこまでいっても絞りきれぬ、日本のパン文化の方向という厄介なテーマを、金林さんはもしかしたら宙に浮かべて打ちながめ、特権的な悦楽にひたっているのではなかろうかという気もした。何しろ、ホテルと日本人、パンと日本人というむすびつきは、そう簡単に正解の出るはずのない、ともに巨大な命題にちがいないのである。

肉は化けるし出世もする

ブッチャー　古澤　忠

ブッチャー（Butcher）を英和辞典で引いてみたら「1雄ヤギの肉を売る人　2肉屋（の主人）　3食肉市場従業員」という訳が出ていた。その3の中のaとして「残忍な殺し屋」を発見し、かつて『私、プロレスの味方です』なる本を書いた私は、なぜか妙に安心した。帝国ホテルにおける「ブッチャー」は、「調理部センターキッチン課ブッチャー」という、肉を管理するセクションの人の職名だ。そこに往年の人気悪役流血王プロレスラーのリングネームをならべるのは穏当でないかもしれぬが、未知なる世界への、私なりの勝手な親しみの助走として浮かんだのは、アブドゥーラ・ザ・ブッチャーだった。

そんな私のかるがるしい思い入れは、古澤忠さんに肉が保管されている冷蔵室の中を見せてもらったとたんにふっ飛んだ。そこに白いガーゼの布につつまれてよこたわる牛肉の塊の群れに、即座に畏敬の念を抱かされたからだった。そのようにして一週間から十日ばかり寝かしておくと、表面の血脂や水分が適当に落ちて、より味わいをますというエイジングの現場の緊張感というか、静逸な空気感に圧倒されたのだった。そして、静かに眠るかのごとき牛肉の群れには、ある種の威厳がただよっているようだった。古澤さんは毎日、この大型冷蔵庫に入り、すべての肉のチェックをするのだという。

そのあと、マイナス二十六度の冷凍室にちょっと入らせてもらい、その奥にあるマイナス四十五度の冷凍庫を、これは扉の外側だけを見とどけて外に出た。冷凍庫の中にはおびただしい肉が保管されているはずだが、冷凍庫の天井に霜が付着していたせいか、氷で煙ったような、石膏色につつまれたけしきが、私の目に灼きついた。

そこでは、厳選された生の肉たちが、刻一刻の呼吸とともに変化しつつあるだろうと、風景としては確認できるものの、正確な解読などもちろんできるはずもない。冷凍庫から出て来た古澤さんを見ると、冷気に触れたせいで眼鏡が白くもっていた。古澤さんは、その眼鏡を外して縁を指でつまみ、別の作業場へと案内してくれた。

外からガラス越しに見える作業場の内部を少し見せていただいたが、そこでは台の上に置かれた鳩《ピジョン》の〝掃除〟をしていた。三人ほどの従業員が、注意深く仔細に鳩肉のあらゆる箇所を点検し、おそろしくていねいに〝掃除〟していた。この部屋で、業者が搬入した肉の〝検品〟が行なわれるのだというが、その〝検品〟の厳密さが、鳩の〝掃除〟からもうかがえるようだった。

その部屋を出て、別の部屋へ移動しても、古澤さんが手に持っている眼鏡はまだくもったままだった。

古澤さんは、一九五九年に川崎市に生まれ育ったが、高校三年生のころに辻調理師学校の監修によるテレビ番組「料理天国」を見て、強い興味を抱いたのがきっかけとなって、料理人を目指そうと思い立ったという。

そして、一九八〇年（昭和五十五）に帝国ホテルに入社し、宴会など種々の調理を担当して、一年のあいだ肉の研修をつんだあとブッチャーに配属された。ブッチャーは、十三のレストラン、二十以上の宴会場がある帝国ホテルで、そのすべてに肉を提供するための仕入れと管理を担当するセクションであり、現在のスタッフは八名である。

古澤　大学受験を失敗しまして、どうしようかってところで、じゃあ手に職をつけてっていう感じで、当時一番だったということで、大阪阿倍野の辻調理師学校へ行きまして。そのあと横浜の十番館などに一年ほどつとめたあと、帝国ホテルの試験を受けたという。

――辻調理師学校にいらっしゃる頃から、ブッチャーという職のイメージはあったんですか。

古澤　ぜんぜんわからなかったです。恥ずかしいけど、帝国ホテルも知らなかったです。

――さっき鳩の〝掃除〟を拝見したあの部屋で週に二、三回行なわれるという肉の

〝検品〟は、どんなものなんですか。

古澤　朝あそこをきれいにして、そこへ取引先が肉を持って来ますよね。そこで〝検品〟をするんです。さっき見てもらったヒレやサーロインなんかを、台の上にずらっとならべる。多いときは二十本あるかな。ばーっとならべて、一本一本チェックして。

――そこでふるい落とされる肉もあるんですか。

古澤　やっぱり駄目なものは、申しわけないけどって、返品することも多いですね。向こうは納めたいしこっちは返したい、そこはもう、取引先と私たちの駆け引きで。やっぱり、帝国ホテルの肉の基準を守っていることで、お客さまにおいしい肉を提供できるという考えでいますので。そこでは、きちんと返品理由を説明できることが大切ということになります。

――肉の〝検品〟っていうのは素人には分かりにくい世界ですが……。

古澤　まあ、肉の見方はいろいろあるんですけど、サーロインの場合にはまず形態を見て、骨の形状を見ます。細い骨だったら、それは雌なのかなと。雌でも、処女牛なのか経産牛なのかというのも、だいたい見たら感じで分かるようになりますし。経産牛になると、バラ先っていうか、サーロインのうしろの脂のいいところがうすくなってくるんですよね。おなかが大きくなることによって、脂のいいところがうすくなってくるわけです。あと背脂を手で触ってみる。いい牛というのは融点が低いんです。

――融点。

古澤　溶ける融点。

――溶ける融点……（あとで「融点」を辞書で引いてみると、「融解点」と同義で「固体が融解する温度」のことだと出ていた）。

古澤　イベリコ豚なんかも融点が低くて、触っただけで分かります。人肌で、もうとろって溶けてくるような。松阪牛なんかもやっぱり触ってみて、ちょっと中のほうをほじくって、脂の味を見て……まあ、そんな見方もします。あと肉の色なんかも、あっちこっち見るんです。それからサーロインのいちばんうしろのところをちょっとカットして、触ってみる。そうすると肉の繊維が粗いのか細かいのか、筋張っているのかが分かります。

――ちょっと、医学的世界と何でも鑑定団の合体みたいなイメージがただよってきますね（笑）。

古澤　先代シェフの小笠原ムッシュがながくやっていて、そのやり方を引き継いでいるんですけれども、非常にむずかしいですね。小笠原ムッシュがやっていることを、最初はずっと見てるだけでしたけれど、見てないと何も分からない状態だったんですよね。いくら肉屋さんへ行って研修しても、やっぱりホテルの見方と肉屋さんの見方はちがいますし、つや、保水性、土地や餌、年齢、種のかけ合わせなどによっていろいろですからむずかしいです。

ヒレなんかの場合も、先の方をちょっとカットして、まず触って脂肪の入りぐあいを見ます。あとカラーですね、裏の色を見てこれはちょっとおかしいんじゃないかと。それでも分からなければ表のしっぽのほうをちょっとスライスさせてもらって、霜の入りぐあい、脂と肉の調和ぐあいなどを見たりしています。

――切っていく過程での、業者の方の一喜一憂が手にとるように浮かびますね。

古澤　決して安いものじゃないですから、向こうの人はどきどきしながら見ているだろうとは思いますけど（笑）。うちの基準というのは、ヒレだったらだいたい何キロって決まっているんですよ。それでもやっぱり大きく持ってきたり、その肉によって太さも長さもちがうので、どうしても重さはまちまちですね。

――どうやって〝検品〟しても大したもんだと、ほれぼれするみたいなケースは？

古澤　これはどうなのかなと思いながら、あとで掃除してみると、すごいいい肉だね、これは買い得だったねという肉も多いですよ。もちろん、逆もありますけどね。

――それだけチェックしてもですか。

古澤　牛でもストレスがたまっていると、内出血したりとかいうのがあるんです。サーロインなんかでも、うしろのほうに、中のほうに点々としみが入っている肉もあるんですね。それを見分けるのがまた一苦労なんです。怪しいな？　と思うと「ちょっといい？　切らせてくれる？」とおねがいして、「もししみが入っていたら返すよ、ここのところだけ切らせて」と、冗談を言いながらやっていますけれども。

――業者さんは、身を切られる思いでそれを見守っている（笑）。

古澤　雑談をしながらやりますけれども。
――和気藹々《あいあい》として緊迫感があるという。
古澤　ただ、おかげさまでおいしいってお褒めの言葉をたくさんいただきますね。婚礼などのケースでは、とくにレターでコメントをいただいて。
――大きいパーティの会場では、とくに肉に期待していなかったりするから、予想外の味は感動的でしょうね。きちっと〝検品〟して〝掃除〟して、エイジングさせて食べごろのときに現場に出す効果が、そうやって出るってわけですね。
古澤　エイジングによって〝化ける〟肉があるんですよね。これは大したことないなと思いながら、一週間から十日ぐらい寝かせているあいだに、おいしく〝化ける〟んですよね。エイジングでうまく水分が抜けると、甘みが出て、焼いたときにどんとアミノ酸が出る……というふうに、肉は〝化け〟たり〝出世〟したりする。「これ、どこのだっけ？」と言って、次に買う日に「このあいだの肉、化けてうまかったよ」っていう話を取引先に。そうすると、「ああ、よかったな」ということで、またいいものを持って来てくれるというぐあいに。
――信頼関係ですね。肉を寝かせる限度っていうのはあるんですか。
古澤　暑い季節ですと、一週間おくと、少し削るようになっちゃいますね。中まではいってないんですけれども、まわりのところで水っぽいところは、においもだいぶ出てきますし、そこのところを削らなければ。その見極めがまた、むずかしいですね。そろそろ〝掃除〟しておこうかという判断もあって。また背脂をきれいに整形しておいたりもしますね。

――さっき〝掃除〟を拝見した鳩などは、〝掃除〟もエイジングも大事になってくるんでしょうね。

古澤　秋になるとレセゾンからいろいろジビエ（野禽料理）の注文がきます。その発注もしなければなりません。ヨーロッパから仕入れるわけで、前々から注文して仕入れて、鳥の定位置にぶら下げるんです。その中にも、毛つきと毛つきじゃないやつがあって、毛つきのほうがあつかいやすい。毛つきは、ある程度毛で本体が保護されているので、ながい期間保存できるんです。毛なしで入ってくると、湿気が多い国ですので、どうしてもべたべたしてきちゃって、そこから腐る方向にはしってしまう場合もあるんです。

ところが、ヨーロッパの人はおしりの穴から臓物が出てくるところまで寝かせる。これが本当なんだという話は聞かされるんですけど、日本でそこまでやると、ちょっとにおいがきつくなってしまう。やっぱり向こうとこちらの気候のちがいがあって、そのあたりもむずかしいですね。やっぱり日本人には、たとえば仔羊のにおいがちょっときつくなってくると、食べたときつーんと抜けるあのにおいがきらいだというお客さま、かなりいらっしゃいますから。ヨーロッパではきちんとしたジビエの証しが、日本ではお叱りのもとになるわけで、そのへん、微妙なところなんですね。

――肉を食べる文化も、それぞれなんですね。

古澤　私もホテルに入ってもう三十年たちますけども、肉のセクションにきて十年ぐらいたつのかな。肉にくわしいだけで、料理を知らなければ通用しない。肉の格付は満点でも、料理に合わなければ購入しない。肉の品質と味は別物……こういうことがいろいろ出てきますから。コックなら知っているだろうと思いがちですが、やっぱりわからない。ブッチャーでなければわからないということは、かなりありますからね。

古澤さんは、話をよこ道に迷いこませがちな私に、適当につき合いながらも、さりげなく軌道をもとにもどし、ブッチャーと帝国ホテルの連繋によって成り立つ、肉の領域の神秘に話をもどすことをつづけてくれた。肉に関する〝化ける〟〝出世する〟という表現は、ブッチャーの世界ではふつうに取りかわされているのだろうが、私の耳には新鮮なひびきを与えた。古澤さんの日常とする世界は、私にとってまさに非日常の世界だった。

古澤さんをはじめとする八名のスタッフは、帝国ホテルという頼りがいのある環境の中で、その仕事のきびしさと面白さを、存分に味わっているようだった。古澤さんが語ってくれた〝検品〟は、ものの本質を知る者同士の、張りつめた空気と人間同士の信頼によって成り立つ、そこに私などが居合わせたとしても、何も汲み取ることができぬほどの抽象的な場面であるにちがいない。それを週に二、三度古澤さんたちはこなしているのだから、ブッチャーの業務は、まさに非日常的領域と言えるだろう。

そんな手だれのスタッフたちが活躍する仕事場として、帝国ホテル以上にふさわしい環境はないだろう。その極上の環境の中で肉という生き物、帝国ホテルという生き物、シェフという生き物、お客という生き物とかかわって生きる人の充実感が、古澤さんからはひしひしと伝わってきた。

話を終えて立ち上がった古澤さんは、つまんでいた眼鏡を入口近くの水道でじゃぶじゃぶと無造作に洗ってかけ直した。その眼鏡のレンズのほとんどは、まだ白くもったままだった。それに目を向けた私に気づくと、

「これは、もうしばらく駄目でしょうな」

と古澤さんは白くもった眼鏡を外さずに言って、照れくさそうに笑った。

ペストリー　中村杏子

うっかり、ちゃっかり成長するバスケ流パティシエ

総勢約五十名、うち女性約十名によって構成されるペストリー課とは何か。その五十名のスタッフが㈠ホテルショップ用のケーキ、焼き菓子を担当する部門、㈡宴会や婚礼を担当する部門、㈢レストランのデセール（皿盛りのデザート）を担当する部門に分割されている。その三部門の下に、ウエディングケーキ、アイスクリーム、チョコレート、プリンなどの蒸し物、マカロンなどの担当が細かく分かれている。これらの全部門すべてを一年ずつ担当すれば、ペストリー課のすべてをこなすのに十年はかかることになる。

一九八六年（昭和六十一）東京生まれの中村杏子さんが、そのペストリー課にやって来るまでのプロセスについて、まずご紹介してみよう。

中村さんは、高校時代にバスケット部に所属していたというが、サッカーの試合における得点数の対極とも言える、おびただしい得点数を競うジャンルの試合のありかたが、

彼女の生まれ持った性格や資質と、どこかでつながっているような感じが、話をつづけるうちしだいに伝わってきた。

これはもちろん私の勝手な想像で、当たっているや否やに自信はないが、ひとつの問題の悩みにふけるうち、すっと気力を取り直して次の点をとりに行き、そこで煮つまって立ち止まることのないありようが、バスケットという得点も失点も多い、一点や二点の得失は決定力でもダメージでもなく先へとすすむ種目に通じるような気がしたのだった。

高校三年の部活で大学受験のぎりぎりまで頑張りすぎ、受験の準備ができず、大学をあきらめざるを得なくなった。そこで、大好きな菓子の学校へ行こうかと思っていたとき、将来のために調理師免許をとっておいたほうがいいよと、たまたま先生からアドバイスされて、背中を押されるように、服部栄養専門学校へ行くことにした。

そこで一年目は調理の基礎を学び、西洋料理、日本料理、中華料理もすべて体験した。それでも、もともと菓子部門にあこがれて入ったわけで、料理の世界への興味はそれほど大きくふくらむことはなかった。そして二年目には、菓子の専門コースになったのだが、そこから帝国ホテルへの筋道に、中村さん独特のフットワークを思わせるセンスがからんでいる。

——帝国ホテルとの縁は、研修で来たのがきっかけですか。

中村　二年生の夏、校外実習で一か月、帝国ホテルで研修を受けたんですね。帝国ホテル……名前は知っていたんですけど。

——名前は知っていたと（笑）。

中村　いまの望月完次郎ペストリー課長が、服部栄養専門学校で講師として、お菓子の授業で教えに来てくれて、それで帝国ホテルというのを……。

——その名を意識した？

中村　はい。それで、その帝国ホテルへ校外実習に行くんだったら、そこに就職したいなと。実際に、帝国ホテルの中を見られるじゃないですか。行きたいところ、いろいろ考えていたんですね、レストランだったり町場のちっちゃいお菓子屋さん……その中で労働条件がしっかりしていて働きやすいっていうので、ホテルがいいかなと思っていて。それで、校外学習で行くんだったら、帝国ホテルにしようかなって。

——研修ではどんなことを？

中村　学校ではグループ学習っていって、五、六人が一組になって、たとえばショートケーキならば生地からつくって、イチゴをサンドしてとかやるんですけど、帝国ホテルは生地を焼く人、それを仕上げる人、飾る人とぜんぶ分かれているんです。だから私の研修のときは、イチゴのヘタとり、果物洗い、ケーキを焼くための型の準備、掃除といった下仕事ばかりだったから、全部の場所を見ることはできませんでした。仕事自体は単調だったんですけど、職場の雰囲気がよくて、先輩からもかわいがってもらって楽しかったです。で、ここに就職したいなと思って、帝国ホテルを受験しました。

——まあ、素直な選択ですよね（笑）。

中村　日本一のホテルなんて無理って思ったんですけど、有名なところに行ってみようって、かるい気持で考えていたんで。

——いい意味で、地雷踏んじゃったわけだ。その試験のときはペストリー課を？

中村　を希望しました。

——で、すんなり配属された？

中村　すんなり配属されました。

——すごいね。で、二〇〇七年（平成十九）に入社して、いちばん最初にやった仕事はおぼえてますか。

中村　ペストリー課の厨房の鍵をあけることですかね（笑）。

——まず人生の鍵をあけたわけだ（笑）。

中村　ひとつ上の先輩に、「じゃあ明日の朝は六時くらいに鍵を受け取るところに来てくれる？」って言われて、早くない？　と思って（笑）。じゃあ、始発で行かなくちゃって。で、先輩たちに消毒してある包丁を洗うやり方とか、電気をつけたりとか、機械のスイッチを入れたりとか。やっぱり研修生のときはいまの職場からいったらお客さんで、やっぱりやさしくしてくれたけど、入社したらぜんぜんちがいましたね。

――言いたいことは分かりました（笑）。で、目的のケーキに関してはどういう仕事をしたわけですか。

中村　生クリームを泡立てたり、一日四十リッターくらい機械で。ケーキに巻くようなフィルムを切りそろえたりとか、あしたのケーキの準備とか……つくるっていうよりは、もうスタンバイって仕事。でもそれって、誰かがやらなきゃいけない仕事なんで。

――一年間ぐらいそんな雰囲気だったんですか。

中村　そうですね。それと六時出社なんで、朝起きるのが本当にきつくて。で、だんだん仕事に馴れてくるとまわりはきびしくなるし。一年目の終りに一回「やめます」って。

――これも素直っていえば素直な判断だ（笑）。

中村　休みとかはちゃんとあるんですけど、怒られてばっかりで。同期が四人いたんですけど、何かひとりだけ置いていかれるような感じで、駄目だなと思って上司にやめたいって。

――それにしても早いね。

中村　早いんですよ（笑）。

――そんなに早くやめたいって上司に言ったのに、なぜこうやっていまここにいるかってことなんだけど。

中村　やめたい理由を聞かれたときに、下仕事よりもサービス業っていうか接客に興味があるみたいなことを言ったら、本館十七階に「インペリアルバイキング　サール」っていうブフェレストランがあるんですけど、そこならお客さまに接したりできるからって、残りの一か月くらい異動してみたらどうかって言ってくれたんです。同期の友だちや先輩も、やめるより異動して気分転換してみたらってすすめてくれて。私も、ここでやめたら専門学校へ行った意味もなくなるしって思って。で、「すみません、やめるのやめます」って（笑）。バイキングのレストランなんですけど、デザートコーナーがあって、そのコーナーをパティシエが一人とか二人とか担当することになっているんですよ。

――そこでは下仕事じゃなかった？

中村　なくなったケーキの補充とか、そんな感じだったんですけど、それでも実際にお客さまの顔も見えるし声も聞けますし。直接にお客さまの反応が伝わってくるのが、やっぱり楽しかったですね。

――お客さんの顔が見えるっていうのは、何かを生むんでしょうね。

中村　そうですね、お客さまがレストランへ入って来られて、ブフェ台のケーキに「おいしそう！」って第一声。それを聞いているだけで、お客さまの姿が見えないところで働いていたのとちがうなって。誕生日のお客さまには、ケーキを盛る小さなお皿に「Happy Birthday」とか書いて出すんですけど、残ったソースでお皿に「ありがとう」って書いてくださったお客さまがあったり。

――いい話だな。そのソースの文字で一度はやめようとした女性の気持を取りもどさせちゃうんだから、考えてみればお客の意味、お客の役割ってのも大きい。で、「インペリアルバイキング サール」ではどれくらい働いたんですか。

中村　丸一年です。季節によって変わるメニューや、クリスマスとかお正月の行事のときの忙しさ、そういうのを一年は体験したいなと思って。

——だいぶ、こころざしがアップしてきたなあ。で、もとの職場にもどって、いまは何の担当ということになっているんですか。

中村　二〇〇九年からショートケーキ担当になりました。焼かれたスポンジ生地をカットしてお酒をふって、フランス語でナッペって言うんですけど、生クリームとイチゴをサンドしてきれいに塗って。研修のときそういうのを先輩がやっているのを見て、恰好いいなと思っていたんです。だから、毎日帰る前に練習して。でも、練習しているときはできそうな気がするんですけど、本番の一個をやるっていうのはちがいます。やっぱり、練習を何回やるよりも本番一回をしっかりやりきることが大事だと思うんですよ。

——さっきまでとは別人のようなセリフ（笑）。

中村　本番はやっぱり失敗できないし。先輩に「上手になったね」とかって言われたりすると、あ、頑張ってよかったなって。そう言われると、どんどんきれいに仕上げてやろうって思えるようになって。前だったら、これぐらいできれいかって思っていたものが、どんどん完璧を求めるようになるって言うか。

——何か、時の経過にしたがって、白い布が見事な色に染まっていくみたいだな。ついに完璧を目指すにいたりましたか（笑）。
中村　ケーキをつくるのはお客さまが見ていないところなんで、これでいいやと思ったらいくらでも手が抜けちゃうんですよね。自分自身で、これじゃ駄目だと思うようにしないと。それにパティシエって、きれいで恰好いい仕事みたいですけど、五、六リットルの牛乳をつかってカスタードを炊きあげたり、帝国ホテルのパティシエの現場はけっこう力仕事だったりするんです。力仕事はバスケやっててよかったと思いますね。
――バスケ体験まで生きてきたか。それで、ショートケーキは極めたって感じなんですか。
中村　いや、まだまだです。生地ができた状態からのは自信がついたんですけど、やっぱりまだ一個のケーキを自分でつくったことはないんですね。焼く担当もやったことないですし、ムースを仕込む段階もやっていない……ちゃんと一個のケーキをつくれないんですね。
――ケーキづくりの大きさや奥深さが見えてきたんですね。
中村　一つのところに三年ぐらいはいないと、自信はつかないと思います。私は、一年ごとにいろいろなところに異動しているので、やっぱりまだ全部が中途半端なんですよね。だからまだ、ゼロの段階です。いまはそうですね、ショートケーキの生地の前までの段階をしっかり完璧にしたいです。午後は、カスタードをやってるんですけど、カスタードクリームっていうのは、お菓子の味を決める大事なところで。本当は、その大事なところを私がやっていいのかどうかわからないくらい自信がないんですけど、気温や卵の状態や牛乳の温度で、味がぜんぜん変わってきちゃうんです。そういうのも、まだ自信がなくて。どんなに食材がちがっても毎日でき上がるものを同じにしないと……同じ値段で同じ場所で売っているんですから。そういうのがむずかしいですね。配合のレシピがあれば、たぶん誰でもつくれると思うんです。でも、それだったらただの趣味で終ると思うんですね。どんな条件でも、同じものを目と味と自分の力でつくっていくのはすごくむずかしいことだなって、働いて三年目でやっと分かってきました。

私は、中村杏子さんの帝国ホテルにおける三年間は、実に密度の濃い時間の連続だと感服した。着実といえば着実だが、点をとられてはとり返すバスケットボールの試合の様相が投影されているかのごとき、めまぐるしい変化と偶然と好運がからむ時の推移だったにちがいない。そして、そんな時の推移のあげく、中村さんがあきらかに精神的な成長をとげていったことが、短いインタビューの中でもあざやかに伝わってきた。

実際、ドアを開けて入って来たときの中村さんと、話を切り上げたときの中村さんは、大袈裟ではなく、私の目には別人のように変貌しているのだ。できればスローモーション・ビデオでたどり直してみたいほどに、目の前の中村さんの輪郭がどんどんはっきりしていったという印象が残っている。現場の上司や先輩からしても、おそらく教えがいのあるタイプであるにちがいない。そして、失点をおそれず悩みを煮つまらせない個性にも、やはりバスケットボールの試合展開の中での小きざみでめまぐるしい点のとり合いとかさなるものを感じさせられた。

いまの自分はゼロだと査定した中村さんだが、それはこれまでの三年間の試合の得点と失点が同数となって拮抗しているという手応えではなかろうか。自分をそのように査定していること自体が、向上心の証しなのだ。そんな中村さんの、決勝シュートまでにはまだまだめまぐるしい展開のありそうなドリブルの時間にとって、帝国ホテルはこれ以上ないコートになるだろうというのが、その好運の張りついた笑顔にかさなる思いだった。

ホテル結婚式事始の継承

神主　永島　勲

帝国ホテルにおける結婚式を司る神主、永島勲さんを紹介するためには、まず永島さんの祖父にあたる永島藤三郎《とうざぶろう》という人について語っておかなければならない。永島藤三郎という人こそが、日本の結婚式の形式を一変させ、それまでの常識をくつがえし、ホテル結婚式の原型をつくった人であるからだ。

明治末期ごろまでの日本の一般的な婚礼、結婚式というものは、ほとんどがそれぞれの家で行なわれていた。各家の神棚や仏壇の前に親族が集まり、そこへ花嫁を迎えて披露されるのが、普通のスタイルだった。

だが、そこにひとつの契機と言える出来事が起こった。それは、一九〇〇年（明治三十三）に宮中賢所《かしこどころ》で執り行なわれた大正天皇の神前式だった。これによって、神前結婚式というものが注目を浴び、それ以降、神社において結婚式をあげ、ホテルや会館での披露宴を行なうというケースが、しだいに増えていった。

しかし、挙式や披露宴を自宅以外で行なうというのは、一般の人々にとってはまだまだ手のとどかぬ、贅沢なことにはちがいなかった。そんな時代に、一般の人々を対象として、各自の家で簡易に、しかも荘厳な結婚式をあげるための、まったく新しい形式を提案したのが、永島藤三郎だった。そして、藤三郎がなぜそのような考えを抱くにいたったかについては、生まれ育った環境や時代背景が、大きくかかわっていたようだ。

藤三郎の父は、武州（現在の武蔵野地方）の御嶽神社の神職だったが、あるとき江戸に出て神谷町に乾物屋を開いた。その父が十四歳のとき他界したため、藤三郎は若くして家業を継ぐことになった。

やがて、藤三郎は日清・日露戦争に赴き、そのあいだをぬうようにして米問屋であった永島家に、養子として入るかたちでソデと結婚した。そして、二つの戦争の中を生きぬいて帰還してからは、神谷町の生家にもどり、鰹節、鶏卵、砂糖、昆布などをあつかう結納《ゆいのう》物調達商をいとなんでいた。

そんな時間のながれの中で、藤三郎は人生にとっての結婚式の意味を、強く意識するようになってゆく。御岳山の神職とかかわる出自、結納物調達商、日清・日露戦争の中を生きぬいた体験、二つの戦争のあいだをぬうようにして実現した結婚……これらのすべてが収斂し、藤三郎の思いを昇華させていったにちがいない。

人生のもっとも大切な門出を、生活のいかんにかかわらず、祝福し合い、人々に慶《よろこ》びを与えられる方法はないものか……そんな藤三郎の夢が、一九〇九年（明治四十二）の四月に、「永島式結婚式」として結実したのだった。

さて、「永島式結婚式」とはいかなるものであったか。あるテレビのクイズ番組に「永島藤三郎が発案したものは？」という問題が出て、永島藤三郎の名も世間的に有名ではないこともあって正解者はいなかったが、正解は「結婚式の出前」だったという。〝出前〟はいかにも当世風の呼び方だが、「永島式結婚式」が「出張結婚式」と称されることはしばしばである。

儀式に必要な道具一式を大八車《だいはちぐるま》に載せ、神官や巫女《みこ》、雅楽奏者を引き連れ、式の行なわれる各家に出向くのが、藤三郎が考えた「永島式結婚式」の基本的なスタイルだった。藤三郎は、正式な神官ではなかったが、結婚式を進行する「式者」として、そこで重要な役割を担った。

各家に赴くと、まず式場に定められた座敷の床の間に、夫婦の始祖と仰がれるイザナギ、イザナミ二神の軸物を掛け、神物を供え、清祓《きよはら》い、降神式などをすませた中で、新郎新婦が神前に三拝し誓いの言葉を読み、神酒による三三九度の盃事が交わされ、昇神式、親子親戚の盃事が交わされてお開きとなり、饗宴にうつる。

このように、神社とまったく同じ儀式を家で行なうことができ、式のランクも五段階に分けられ、シンプルで分かりやすいこのシステムは、新聞や婦人雑誌などで取り上げられるほどの評判を呼んでいった。たしかにそれは、それまでの日本の結婚式の概念を大きくつがえすほどの、画期的なシステムだったのである。

さてしかし、藤三郎のものがたりはまだ先へとつづいてゆく。

大正期に入っても、この「永島式結婚式」は、日本の結婚式へのさらなる浸透を示していった。上流社会の人々がこの方式で婚礼を執り行なうようになり、華族会館、東京會舘、築地精養軒、上野精養軒、水交社、偕行社、如水会館……それに帝国ホテルなどが会場として利用された。

一九二三年(大正十二)、関東一円を大地震がおそった。関東大震災である。それまで、いわば富裕層の結婚式場となっていた日比谷大神宮や会場となっていた建物の大半が、この大震災によって焼失してしまった。

一方、折しも帝国ホテルのライト館を竣工していた帝国ホテル支配人・犬丸徹三は、大震災で打ちひしがれた人々に、夢と希望を与えるホテルサービスはないものかと模索していた。そして、「永島式結婚式」との提携が、犬丸徹三の頭に浮上していった。つまり、結婚式と披露宴をセットにして提供する〝慶事サービス〟というプランだった。

ここで、前代未聞の結婚式を発案した永島藤三郎と、前代未聞のホテルサービスを発想した犬丸徹三が、運命的な遭遇をすることになる。

犬丸徹三は、「永島式結婚式」をあみ出した藤三郎の、時代の風を読む力と、時代のニーズに敏感なセンスを高く評価していたにちがいない。そこで、〝ホテル内で行なう結婚式〟という、新しい〝慶事サービス〟の構想を、藤三郎の前に提示した。

藤三郎は、古式ゆかしい日本の伝統儀式に心の軸を置く身として、西洋文化の象徴とも言える帝国ホテルの懐に入ってその儀式を行なうことに、いささか抵抗を感じた。だが、やがて犬丸徹三の情熱を理解するにいたり、「結婚式によって人々の生活に幸福を与えると同時に、西洋の真似でない、日本ならではの慶事サービスをしたい」という点において、犬丸徹三との一致を見出した。

こうして、藤三郎が発案した新しい結婚式のスタイルと、帝国ホテルが求めていた新しい〝慶事サービス〟が、同じ方向を向いて歩き始めたのだった。藤三郎は、帝国ホテルの結婚式を正式に担当することを受諾し、帝国ホテルは藤三郎にとっての第二の拠点となった。帝国ホテルは、藤三郎によるホテル結婚式を〝慶事サービス〟の目玉として推進し、藤三郎もまた、帝国ホテルという空間からの刺激を身に受けつつ、年間一千回以上の結婚式を執り行なうこともめずらしくなかったという。

現在、日本各地において常識的慣習となっているホテル結婚式の原点には、藤三郎の鋭敏な時代感覚や使命感、そして重層的な生身のものがたりが寝かされている。さらにその上には、当時帝国ホテル支配人であった犬丸徹三との、関東大震災を契機とした、時代を読む者同士の邂逅《かいこう》が冠されているというわけである。

やがて、帝国ホテルでの披露宴に出張してきていた美容師の遠藤波津子や森川写真館の参画もあって、ホテル結婚式のいわば原型のようなものがつくられていったのだった。

ただ、当然のことながら帝国ホテルでの結婚式ともなれば、富裕層というより上流階級に属する家柄が多く、大正末期ごろの挙式リストによれば、華族、著名な実業家や学者、陸海軍の将官、司法官といった人々の名が目立っている。

昭和の時代にいたり、一九四一年（昭和十六）の太平洋戦争勃発によって、〝派手なことは遠慮する〟の精神の時代から敗戦へ……そのながれの中で帝国ホテルにおける結婚式は激減していった。そして終戦直後、帝国ホテルは米軍に接収されたが、一九五二年（昭和二十七）に解除となり、そこからふたたび、神官・美容・写真が組んだ、戦前からの伝統を誇る帝国ホテルにおける「永島式結婚式」が復活したのだった。

藤三郎は、一九三五年（昭和十）にこの世を去り、そのあとを継いだ永島茂が、「戦前と同じようにやってほしい」と、犬丸徹三社長に依頼されての再スタートだった。土、日に集中する婚礼に神主の手配が間に合わなくなり、茂は國學院大學の神職養成所に通い、自ら神主となって式を行なうようになったという。現・神主の永島勲さんは、四十年神職をつとめて昨年亡くなった茂氏のあとを継いだ三代目だ。

先代の茂氏が婚礼会の仕事を始めたころ、式にかかる時間は四十五分だったというが、現在では平均二十分前後、年間の結婚式の回数を思えば、それをこなす上で一組あたりの時間が短縮されてゆくのは、自然のなりゆきというものだろう。それでも「永島式はそれほど簡略化されていない」というのが、勲さんの自負心のようだ。新郎新婦の前には白木の高台がすえられ、そこには栗、するめいか、昆布が供えられていて、挙式のあいだは初代からのつき合いのある小野雅楽会による雅楽が演奏される。

また、挙式のときの新郎新婦の位置も伝統を守っている。一般の式場では、新郎新婦は両親族のあいだにならび、そのうしろに媒酌人夫妻という位置になるが、永島式では、はじめ、新郎と媒酌人が新郎側、新婦と媒酌人夫人が新婦側に、向かい合って坐る対面式。そして、お祓《はらい》、祝詞《のりと》奏上、誓詞朗読、三三九度の盃、指輪交換と式がすすみ、玉串《たまぐし》奉奠《ほうてん》がすむと、新婦が新郎の隣へと席をうつす。これが、結婚を象徴する所作である。

――神様を強く意識して進行するということなんですね。

永島　いわゆる正中といって、目には見えないですけれども、ちょうど真ん中に一つ線があるとします。そこが神様の歩く道ということで、我々も通るときはかならず頭を下げて、それで真ん中にはなるべく立たない。どっちかにずれるというかたちで。

――日常的に神様を意識する生活がなくなっているから、このような結婚式をあげることは、日本の文化を味わう意味で、現代人には新鮮なことかもしれませんね。

永島　それでも、お祭りになればおみこしかついだり、暑いさなか山車《だし》なんか引いて、神酒所でアイスクリームもらったりジュース飲んだりしている子供も、いないわけじゃない。七五三なんて、たいがい神前でしょう。神様ごとでみんな育ってきているんですよ。その中へどっぷりつかってて、逆に意識してない。教会で結婚した人でも、子供が生まれると神社へ行くわけでして。

――祭りも、神があって神社があって、神主さんと神主さんの子が馬に乗って、そのまわりを年寄り、大人、若い衆、女衆、子供が取りまき……というふうに全部が意味と役割をもっていたのが、かつてあった祭りのすがたで。つまり、日常生活の中では隠れている、共同体を支える根本の構造が際立つんですよね、祭りという非日常の中で。だから、その根本がないと祭りじゃなくてイベントになっちゃうんですね。

永島　結婚式でも、二拝二拍手一拝、神様の前へ出たら二度頭下げて、二度手をたたいて、一度お辞儀するんだけれども、じゃあ何のためにするのか。二拝というのは、畏れ多い神様に対して、我々のこんなささいなことを聞いていただいて申し訳ありませんということで、深々と頭を下げる。二拍手は、ポンポンと手をたたくと、神様もポンポンと手をたたいているかも分からん、そのポンとポンのつながり、これが神様との心のつながりであるという。本当の祈願の気持を込めての礼なんですね。そういうことを思ってお参りをしてくだされば、多少その場の儀式の意味合いがちがってくるのではないかと思うんですよ。結婚式にそぐわしい気持になっていただく、これが神道のはじめの儀式であるというふうな。

だから三三九度にしても、ただやみくもにお酒を飲むことによって、きょうだいの契りなんてね（笑）、ご返杯なんていうことじゃなくて……まあ、それはそれでいいんです、日本の風習ですからね。ただ、せっかく三杯飲むんですから、一杯目のときは「お父さん、お母さん、育ててくれてありがとう」と。もちろん、すべての人がご両親に育てられたわけじゃないでしょう。いろいろなケースがあると思うけれども、ともかく育ててくれた人に「ありがとう」という気持をもって一杯目を飲む。また二杯目を飲むときは、きょうこうやって結婚式の幸せな日を迎えたことは、やっぱり先祖がいるからできること。代々つづいてきてきょうにいたったんだと。中には苦労をした先祖もいる。苦労して苦労して、崖っぷちのところに爪先立って立ったときに、そこで踏ん張ってくれたから現在があるんだと。そこで落っこちていれば、自分たちはいないんだと。だからそこで踏ん張ってくれたご先祖さん、ありがとう……そういう気持で飲むという。で、三杯目はお世話になった人たちにありがとう、悩みを聞いてくれた友だちにありがとうと。中には三つの感謝と言う人もいますね。どれが正しいということじゃなくて、皆さんそれぞれ、たくさんのいろいろなものを考えてお酒を飲めば、本当の契りの盃になるんじゃないのかなというような。同じお酒を飲むことによって契りを結ぶという。

――日常のお酒の場面にも、そういう意味合いが沈んでいるんでしょうね。

永島　みんなが集まって、「イヨーッ」とやるのも、集まった人の和を結ぶということでやるんでしょうし。だからふだん、皆さんが何も気づかないでやっていることでも、これはむかしから神様に対するお礼の気持でやるんだとか、そういうことがずいぶんありますよね。ものをいただくというのは、神様に上がったものをいただくということでね。

――私は子供のころに祖母に育てられたんですが、ご飯をまず仏壇に供えて、般若心経を唱え終らないとご飯を食べさせてもらえなかったんですよ。だから、お経が羯諦羯諦《ぎゃあていぎゃあてい》までくればご飯に近いとか……まあ、不純ですよね（笑）。ただ、神様に上がったものをいただくというのと同じ心がまえを、祖母は教えていたんでしょうね。それはまったく効果がありませんでしたが（笑）。ところで、結婚式にのぞむ人々をごらんになって、時代とともに変わってきたことはありますか。

永島　堅苦しい面というのは、あまり見えなくなりましたね。家と家とのつながりをもつということではなく、ご本人たちのもつ結びつきであるということであって。それから、お仲人さんを立てるケースが少なくなってはいますね。ともかく和やか……式が終って新郎新婦がいちばん最初に下がって行かれるでしょう。すると、それを見送るご親族から拍手が起こることがあるんですね、キリスト教式のときみたいに（笑）。

――こちらの神様の立場はどうなってしまうのかな。

永島　でもまあ、そういうふうにすれば、何かほほえましいというか。この新郎新婦はご両家で迎え入れられているんだなという雰囲気にもなりますから。

――こちらでの結婚式は神前式ですから、新郎新婦は和装ということになるんですか。

永島　神前式だからといって、和装じゃなきゃいけないということは何もないですね。ずいぶんその問い合わせはあります、洋服でもいいだろうかという。洋装でもどうぞということだと。

――ところで、いまは息子さんとご一緒にこのお仕事をやられているんですよね。

永島　そうなんです。長男がちゃんと初めからこの仕事やると言うんで、國學院神道学部、そこを卒業していますので、いわゆる神主の位としては息子のほうが上なんです（笑）。私は三十五歳で國學院の神職養成所に通って、一年くらいで資格とっていますので、一年そこそこで資格とったのと四年間やったのとじゃ、ぜんぜんちがいますよね。ですから、そのへんのところじゃ、頭が上がらないですけども（笑）。

——一九七七年（昭和五十二）から、神主として帝国ホテルでの仕事をされるようになったそうですが、その三十五歳までというのは、どんなお仕事をされていたんですか。

永島　母方の実家が麴町の軍服屋だったんですね。洋服の生地屋なんですが、戦前だったので国防色の生地をあつかっていました。ところが戦後はそういう時代じゃなくなったので、輸入生地の卸問屋を始めるようになった。そこへアルバイトに行ってたんですね。

それで日大を卒業するというときに、就職という問題が。ちょうど東京オリンピックの年ですね。母の弟にあたるそこの社長が、就職はどうするんだと、給料はいくらぐらいもらえるんだと。私は、ＴＢＳなどに履歴書を添えて願書を出しました。当時、ＴＢＳの初任給が三万六千円だった。で、都の公務員、地方公務員の本給が一万八千円で、手当がついて二万一千円ぐらい。それを話すと、だったら中《なか》をとって二万七千円出すから、おれのところでやれよと。

——あのころは就職難だったはずですから、それにしては手っ取り早く就職が決まったもんですね(笑)。

永島　そこでちょうど三十五歳まで。私も一人っ子で育っているので、親がやっている婚礼の仕事をやらないのはもったいないと、親には前から言われてたんですけどね。こういう仕事というのは、若いよりもある程度、年をとってきたほうが、風格というか何というか、そういう点でいいんじゃないかと。だからあんまり若くても……ということで、三十五になったら研修に行くからという約束で、洋服生地の卸売業という、まるっきり畑ちがいの仕事に入ったんですね。

――で、三十六歳になって、今度はまたがらりとちがったお仕事に。

永島　洋服というのは通勤のときに着るくらいで、ふだんは白衣に袴という姿ですから。

――しかし、国防色の軍服から英国生地、それから白衣と袴というながれは、何か筋が通っているような気にさせられますね(笑)。それで、仕事場である帝国ホテルという環境には、どのような感想をもっていらっしゃいますか。

永島　やはり、すごいホテルだと思いますね。我々は社員じゃないけれど準社員という立場になるんで、ホテル内を歩くときは、かならず胸にネームカードをつけていますのでね。そうやって館内を歩けば、お客さまにいろいろな場所の行き方をたずねられたりする場合がありますし、準社員であるということはつねに念頭に入れた、それなりの立《たち》居振舞《いふるまい》を心がけています。親の代からずっと見ているわけですが、やはりどこかちがうなと思いますね。

――準社員といっても、永島家と帝国ホテルのおつき合いは、藤三郎さんのときからあるわけで、子供のころから帝国ホテルにとっての内輪の人であるというような自覚が、おありになるんじゃないんでしょうか。
永島　こういうところで働いている立場の者としてのプライドは、おろそかにできないなということはありますね。何しろ、「帝国ホテルの神主さん」なんて紹介のされ方をするときもありますから（笑）。

輸入生地の卸問屋という環境に、三十五歳まで身をおいた人らしく、白衣に袴でない永島勲さんにも、洋服にこだわるセンスがあらわれていた。私より一歳下だと言われたが、その表情、仕種、身のこなし、言葉遣い、ユーモアのスタイルなどに、神職にいそしんでおられる方の大人びた雰囲気がただよっている。だが、その内側から折にふれてこぼれ出る茶目っ気が、おごそかな式を司る身分とのバランスをとろうとするかのごとく貌《かお》を見せたりして、オーソドックスな能力とカジュアル性を合わせもつ、硬軟自在の個性を感じさせられた。

永島さんがここまで手がけた婚礼の式は、優に二万件を超えるという。ピーク時には、二つの神殿を十五分きざみで掛け持ち、一日二十件以上というケースもあったという。

最近では、誓詞に振り仮名が書き添えられているにもかかわらず、「子孫繁栄」を

「コマゴハンジョウ」と読んでしまう新郎もいるという。また、新郎が外国人であるためローマ字の振り仮名をふった誓詞もあるそうだ。洋髪で和装の新婦もふえてきているし、鬘《かつら》や着物のせいで気分が悪くなる新婦もいる。そんな現代らしい実情と伝統にのっとった儀式の破れ目を、永島さんはほほえましく打ちながめているといった感じだ。

その永島勲さんの祖父である藤三郎が、現代の帝国ホテルの結婚式におけるそんな奇妙なる場面に立ち会ったとすれば、そこでいったん首をかしげるものの、すぐに三代目の勲さんと同じように、ほほえみをもってこの傾向を受け入れることだろう。藤三郎がつくり上げた「永島式結婚式」の一部始終は、帝国ホテル内の神殿において、今日に踏襲されつづけている。その伝統にのっとった結婚式と、現代的な新郎新婦との文字通りの〝マリアージュ〟は、時代を読む達人であった藤三郎にとって、きわめて興味深いけしきにちがいないと思うのである。

婚礼クラーク　細田晴江

人生の岐路に立ち会う　〝幸せのお手伝い〟

一九六四年（昭和三十九）の東京オリンピックを契機として起った各地のホテル建設ブームや高度成長政策、日本人の富裕化によって、ホテルウエディングは一般に浸透し、拍車がかかった。とはいえ、帝国ホテルの婚礼の過去のリストを見れば、絢爛豪華な挙式者の名前がつらねられているにちがいなく、決して一般的イメージとは言いがたいだろう。そこからはやはり〝帝国ホテルでの婚礼〟という、特別な雰囲気が伝わってくるはずだ。そこにまた、当事者と招待者の両者に共通する価値観というものがあるにちがいない。

ちなみに、私自身にとっては帝国ホテルでの結婚式などはもちろん思いの外のことだったし、友人知人の息子や娘の婚礼に出席した記憶もない。要するに帝国ホテルの結婚式とは、これまでいっさい縁がなかったというわけだ。吹抜けのロビーの上の中二階の回廊の一角にある仕切りの内側で、婚礼の打合せをするらしい人の影を、偶然に通り過ぎてちらりと目のふちにとらえることがあるくらいが、かろうじての接点ということになるだろうか。細田晴江さんは、私がちらりと目のふちにとらえたその仕切りの中を仕事場とする、婚礼クラークである。

細田さんは、一九七八年（昭和五十三）に大阪で生まれ、小学校六年以後を千葉ですごした。大学時代にアメリカへ留学し、そのため就職が一年遅れたことが、帝国ホテル入社を可能にした。その前年の帝国ホテルは大卒スタッフの採用がなかったのだ。航空会社もしくはホテルで働きたかったそうで、ホテルは帝国ホテル以外は眼中になかったというから、一年遅れでの受験には、帝国ホテルとの縁の強さと幸運を感じさせられる。

入社後は、一般宴会のクラークも担当し、二〇〇九年から婚礼のみに特化された。婚礼クラークの仕事は、ホテルウエディングのプロとして新郎新婦の相談にのり、アドバイスしながら、オリジナルの披露宴を一緒につくり上げる〝幸せのお手伝い〟であるというのが、細田さんの考え方だ。

婚礼クラークは、数年前までは四十代、五十代のスタッフが多かったが、最近では二十代、三十代のスタッフがメインになっている。年間千件の婚礼を、十六名のクラークが担当し、一人当たり月に五件から十件を受けもつ。新郎新婦と最初に面談し、決定するまでは婚礼セールスのスタッフが担当し、決定後に婚礼クラークの担当が割り振られる……そこから、細田さんたち婚礼クラークのスタッフと新郎新婦のあいだで、婚礼にいたるさまざまが打ち合わされてゆくのである。

婚礼クラークの具体的な仕事は大雑把にいえば、三か月から四か月かけての最低三回の打合せがある。最初の段階でのテーマは、日取り、時間、会場、人数、招待状の文面の決定という事柄がある。次に衣裳、写真撮影、料理、飲み物、花、BGM、車や司会者の手配など式の内容の打合せがある。さらに、席順、進行、スピーチをする人の選択と順番などがあり、一度の打合せが五、六時間におよぶこともある。

細田さんは、打合せ段階でのオーダーペーパーというシートを見せてくれた。

細田　ちょっと細かくて恐縮なんですが、一番上にご両家の名があって、どういうご両親さまがいらして、宴会場から始まって上から順に料理、花、写真、引き出物……で、右にいって衣裳、美容関係であったりということが、たとえばこのような一枚の紙の中で分かるように。

——これを見れば一目瞭然というわけですね。

細田　そういう項目を埋めてしまって、そのコピーを当日の宴会サービス課のチーフに回します。

——これは、楽譜みたいなもので、演奏の仕方でいろんな曲想になるわけですね。

細田　ご新郎とご新婦とうまくコミュニケーションをとって、打合せの時間を楽しく演出するのも大事なんですが、披露宴当日がいい感じの空間になることのために、宴会サービス課の人に引き継がなければいけないので。

――細かく書き記されているんですね、一枚の紙の中に。

細田　その上この中に発注したものの伝票をどんどん入れられるような、一冊の袋綴じの紙になっています。

――「KとS、日本酒と焼酎一升瓶一本ずつ受付に飾る」、これは何の意味なんですか。

細田　実はこれ、ご両家のイニシアルと同じ日本酒と焼酎の銘柄なんです。

――はあ、新郎がKさんで新婦がSさんってわけですね。

細田　そういうことは最後のほうで書き入れるんですが、最初は白紙の一枚の紙が、結婚式の直前には真っ黒になるという。現場は、このオーダーペーパーが命というか。

――つまりは、カルテですよね。

細田　平均的に三、四か月前にまずは招待状の印刷物のお話をして、二か月前には具体的な料理、花、写真。一か月前にご出席の方々の席の配置、席次をおあずかりして、そのあと司会者が同席して最終の打合せをするという。

――その過程はスムーズというより、何となくいろいろありそうですね。

細田　そのご婚礼のスタイルをお決めするさいに、いろいろありますね。宴会場の使用時間も決まっている中で、ご祝辞の時間はお色直しをはさんで三名ぐらいの枠ではいかがですかとご提案しても、たとえばドクターとか教授とか、たくさんのご祝辞をいただかないといけない錚々たるメンバーなので、もっと多くの方のご祝辞をいただきたいとか。

――甲乙つけられないから省けないと。そうなると乾杯までにすごく時間がかかったりするんでしょうね。

細田　いらっしゃるゲストのバックグラウンドなどでもちがってきますので。

――経費の問題でのトラブルなんかは？

細田　たとえば映像を上映したいというご希望があった場合に、映像機材の経費がかかりますとご説明しないと、無料の備品だと思われている場合もありまして、そういうような誤解の可能性のあることはすべてご提案、ご案内をしておかなければというようなことなどが、多少ありますね。

それから、いまはメールでのご連絡が非常に多いんですけれども、ご新郎さまもご新婦さまもお仕事をされているケースも多いので、何かの件のお問い合わせについて留守番電話に残すよりはと、メールでご返事する場合があるんです。一度、ご新婦さまには内緒のサプライズで行なう事柄のご相談を携帯電話でお受けして、その内容についてのご回答をしようと電話をいたしましたらつながらなかったので、ご新郎さまのメールにご返答をいたしましたら、ご新婦さまがそれをごらんになってしまって。

――新郎のメールを新婦が見るとは想像できなかったんですよね、そりゃたいへんだ

（笑）。

細田　それから、ご新郎さまご新婦さまと親御さまのコミュニケーションがとれていらっしゃらない場合があるんですね。その場合、親御さまがホテルに問い合わせをされるんです。

――新婦は打合せに来るけれど、新郎とは一度も顔を合わせないということもあると聞きましたが。

細田　お仕事でずっと海外にいらしたりするケースもありますので。機会があれば何らかの方法でコンタクトをとらせていただいたり、ご新婦さまからご新郎さまに確認していただくようなかたちをとらせていただいたりですね。

――三か月か四か月のあいだ密に打合せをすることによって親しさが生まれるということもありますか。

細田　そういうご新婦さまはたくさんいらっしゃいます。「久しぶりです、お元気ですか」とメールをいただいたり、お子さまがお生まれになったとご一報をいただいたり。

――逆に、相性が合わないというか、打合せの段階からぎくしゃくするようなことは？

細田　たとえば入社した頃などは、ご両親さま同士が打合せに参加されるケースが多く、もっとベテランの男性のほうがというので、担当を変わってくださいと。また、メールのレスポンスが遅い、料金のご案内にちがいがあって不安、ご自身が期待されていたような答えが得られないといった理由で、変えてくださいと。そういう場合は、担当者の変更もあります。

――帝国ホテルの披露宴というと、出席する人たちからも、サービスや料理についての期待が高いと思いますから、あらかじめさまざまな打合せをする仕事はたいへんですね。

細田　打合せを楽しいと感じていただける雰囲気をつくろうとする気持を忘れないようにしなければなりませんね。披露宴にまったくご興味がなさそうで、お花をどうされるか、テーブルクロスをどうされるかをお聞きしてもあまり興味を示されないご新郎さまやご新婦さまも。でも、そういうケースは、私たちにとっては逆にやりがいがある面もありますね、意欲的な気持にさせられますから。

――いまの時代だからこそ出てくる、披露宴にかかわるテーマのようなものはあるんですか。

細田　ほとんどがオーソドックスなフレンチのコースメニューで五種類か六種類のお料理をお出しするんですが、その中でお肉だけは別メニューをご希望になるというケースはよくあります、宗教的な問題その他の理由でですね。あるいは糖尿病でカロリー制限をされていらっしゃるご出席者、ベジタリアンの方がいらしたりとか、アレルギーの方とか……そういう条件をできるだけ事前にうかがって、それも先ほどのオーダーペーパーに落としこんで、当日のチーフにわたします。

ただ、事前の打合せですから、「おじいちゃんとおばあちゃんは和食に」ということで和食をご用意してみると、お二人は久しぶりに帝国ホテルの洋食を楽しみにしていらっしゃったり。それに同じ円卓でお二人だけちがうメニューっていうことは、配膳方式もまったく異なるということにもなりますし。

婚礼クラークは、経験的法則をベースにした上に、予想できるあらゆる可能性のデータを乗せ、男性と女性の人生の岐路である慶事についての細目を決めつつ、オーダーペーパーをつくり上げてゆく。

人の岐路に立ち会うことを仕事とする婚礼クラークは、新郎新婦あるいは両親と面談しながら、世間一般のルールと新郎新婦のセンス、あるいは家風や社風や師弟関係などの環境、条件をかさね合わせ、それをパズルのように組み立ててゆく。その過程であらわれてくるであろう、場面場面における人間という生き物の面白さのエキスは、物書きからすればねたましいほどの、人間ウォッチングの贅沢な味わいであるにちがいないのだ。

細田さんは、そういうエキスをすべて咀嚼《そしやく》した上で、きょうもやわらかい微笑とともに、2×2＝4《ににんがし》のレベルから懇切丁寧に、白紙状態の新郎新婦に対し、四か月後にきたるべき結婚披露宴の構想を、オーダーペーパーの上で細部までねり上げて、提示しているにちがいない。

細田さんには、目の前の相手に突拍子もない言葉を向けられても、それを独特の回路で濾過し、塵埃《じんあい》を落としてすっきりとした言葉に仕立てなおし、エレガントな答えに仕立て直して返すというセンスが、自然に身についているように見えるのだ。

そんなことのくり返しの中で、真っ白だったオーダーペーパーは真っ黒になるまで書き込まれ、結婚披露宴のカルテとなって、婚礼クラークから宴会サービス課の当日のチーフに手わたされる。そこまでが、婚礼クラークの仕事の範疇というわけだ。

白鳥、水面下の足搔きを愉しむ

宴会チーフ　佐藤正規

帝国ホテルには二十七の宴会場があり、年に約七千件の宴会が行なわれている。周年披露、社長就任披露、新商品発表会、〝しのぶ会〟、出版記念等々その内容はさまざまだ。もちろん、その中に千件の結婚披露宴がふくまれるのだが、それらが行なわれる宴会場の当日の責任者が、宴会サービス課のチーフだ。

営業マン、婚礼クラークが前日まで担当した仕事を、宴会チーフが引き継ぐことになる。前出の婚礼クラーク細田晴江さんがつくった、真っ黒に書き込まれたオーダーペーパーを引き継ぐのも宴会サービス課のチーフであり、その〝カルテ〟をもとに、主催者の意向に合わせ、会をスムーズに進行させることが、チーフの主たる役目ということになる。

このように説明すると、いかにも受け身の仕事という印象をもたれるだろうが、予定、設計図、カルテなどが事前に引き継がれているとはいえ、実は仕事は現場という〝生き物〟の舞台から始まるのだ。したがって、もちろん楽譜通りに演奏したりカルテ通りオペしたりするというわけにはいかない。

与えられた資料や情報から現場の雰囲気を予測し、何が起るか分からぬ宴会を、スムーズに進行させてゆくためチーフにゆだねられるライブの時間は、生半可な緊迫感ではあるまい。その心境は、涼しげな水面上の姿の下に隠れた、白鳥の水面下の足掻きにかさなるにちがいないのだ。

その胃が痛くなる宴会場の担当への異動を、佐藤正規さんは六年間希望しつづけて、宴会サービス課に配属された。

佐藤さんは、一九六八年（昭和四十三）に神奈川県茅ヶ崎に生まれ、高校卒業後シアトルの短大へ進学し、語学とホスピタリティマネジメントを学んだ。一九九一年、帰国後にホテル入社を希望して就職活動をしたが、ホテルオークラ、ホテルニューオータニはすでに大学を卒業してしまっているという理由で、受験を断られた。帝国ホテルのゲストリレーションズで入社したい旨を伝えたところ、親切にも人事部に連絡してくれて、入社試験を受けさせてもらった。そして、一九九二年三月に入社し、経理、レストラン会計、営業、ウエディングコーディネーターを経て、二〇〇四年から現在の宴会サービス課に所属している。

外目には厄介きわまりない宴会のチーフという役割を、佐藤さんはなぜあえて希望しつづけたのかについての謎が、話を聞いているうちに私の中で氷解してゆくようだった。営業にいるとき何件もの宴会を担当したが、どんなにゲストと打合せをしても、当日を仕切るのはチーフである。打合せをつづけたことが成就するその場面に自分がいない……佐藤さんとしてはそのことに不満というか不足というか、仕事に関しての欠落感をおぼえていたのではなかろうか。

あるいは、綿密、緻密、周到な打合せをしたにもかかわらず、現場ではその設計図通りに事がはこばない、いや事がくずれる……そこを修復しつつ宴を進行させてゆくスリリングな醍醐味を、佐藤さんは営業在籍中から感じていたのかもしれないというのが、実際にお会いして表情、語り口、いたずらっぽい目などに接しての私なりの印象だった。つとめ人にとってのリスクが、仕事師のセンスからはメリットであり、魔の魅力と感じられたのであろうと思ったのだった。

当日は、一件の宴会を一名のチーフが担当する。チーフは全部で七十名だが、婚礼ならば一日一件のみ、そのほかの宴会は一日二件担当することもあるという。婚礼となれば、新婦の出迎えから宴を終えての客室への案内までに、約八時間の仕事ということになるのだ。

佐藤　婚礼は一生に一度ということがありますので、これを失敗するとたいへんです。

よくあるお叱りが、出来あがった写真が自分のイメージとちがう（笑）。スナップ写真でも、宴会チーフがかぶっていて邪魔だったという苦情もまれにあるんです。これはもう、どうしようもない状態の中で私どもが写真に入ってしまっているんですけれども。

――朝から八時間ということになると、ご自身の食事はどうするんですか。まさに戦《いくさ》状態だから、腹が減っては戦にならぬわけでしょう（笑）。

佐藤　新郎新婦が中座して、お着替えされているときぐらいにさーっと。あとはずっと新郎新婦のそばについておりますので。

――妙な聞き方ですが、そういうチーフを約五年ですか、やられていると忙がしさやプレッシャーや緊迫感やスリルが、快感みたいになってこないですか。

佐藤　そうなんです（笑）。たとえば帝国ホテルの婚礼ではご新郎ご新婦のお父さま、お母さまがけっこうキーマンになることが多くて。

――キーマン……。

佐藤　ほかのホテルとちがうのがですね、ちょっと昔風であったり、家族と家族の問題という部分もあり、ご媒酌人を立てられるケースもほかのホテルより比率が高くて、そのためキーマンが誰かというのが分かりにくいんです。そういうことは打合せの段階でも出てきますけれども、当日の雰囲気でかなりちがってきますので。

――お父さんお母さんの帝国ホテルに対する古風な感覚みたいなものですか。

佐藤　帝国ホテルで三代にわたって披露宴をあげられた方、もしくは法人として帝国ホテルをご利用いただいている方であるとか、ご両親の希望で「帝国ホテルで式をあげなさい」というケースなどが多いです。ご新郎ご新婦は六本木でやりたいと思っていたんですが、ご両親が帝国ホテルでという。

――そうなると主導権というかキーマンはやはりご両親ということになってくるんですね。それから、外国人のパーティもけっこうあるんでしょうが、そこでの問題というのは何か。

佐藤　海外のお客さまのパーティでは、空調の温度設定がちがうんですね。基本的に、欧米の方の場合はけっこう低めに設定して。あとは会議なんかでは、水を飲まれる量が半端じゃないというか。日本人の方はお手洗いが近くなるので、水はあまり飲まれないケースが多いんですけれども、海外の方はすごいです。

それと、女性の多い会は料理は多めにという。立食のパーティでも、男性はご自身の食べられる分を皿におとりになるんですけれども、女性の場合はご自身だけのためというのを遠慮されているのかもしれませんが、かならずお友だちの分も皿におとりになる。で、料理が皿にのったままテーブルに残されるということに。そうすると料理が足りないと（笑）。

――頼まれて持ってくるんじゃなくて、気配りだったり親切だったりするんだけど、持って来られた側はべつに食べたくて頼んだわけじゃないというね。そりゃ残りますよ、テーブルに（笑）。

佐藤　それから、女性はデザートを先にとられる方が多いので、料理は冷たいものは冷たい状態で、温かいものは温かい状態で……の基本がくずれてしまうんです。謝恩会なんかでも、デザートが一気になくなるんで（笑）。それも、大盛りにしてみんなにどうぞとなるんで、やはり料理が残ってしまうという。

――女性の問題を少し軌道修正して（笑）、とくに女性用のサービスをすることはありますか。

佐藤　いろいろありますが、たとえば着物のお客さまには、バターを小皿に分けて脇のほうにお出しするというようなことも。ふつうは、バターは三人でひとつなんですが、そこからとると袂《たもと》があるので、グラスを引っくり返したりソースがついたりするということで、小皿に取り分けてご用意する。

――そういうことって、今はインプットされたサービスなんでしょうが、最初はいろんなトラブルや犠牲があった上であみ出されるんでしょうね。ところで佐藤さんはいまは副支配人という立場でもあるから、テーブルにつくチーフの役目とはまたちがう任務もあるんでしょ。

佐藤　各宴会に担当のチーフがいて、そのチーフで解決できなかったお叱りを何とかするというか。ですから、事がスムーズにはこんでいるとき、その立場の出番はないですね。逆に名刺が減っていれば、きょうはお叱りがけっこうあったなという。大きなトラブルでなくても、その場で解決しないといけない件に関しては逐次、報告が入りますから、そこで一言ご挨拶させていただくという役目ですね。

――それはますます、職業病的快感がましてくるんじゃないですか。

佐藤　そうですね（笑）。一発勝負で解決しなければなりませんので。担当の営業マンとかクラークは何か月という時間の中で挽回、修正の可能性が残されますけれど、本番は、失敗はあり得ないという一発勝負。

――ベジタリアンの問題などはどうですか。

佐藤　事前に分かっているケースではもちろん対応するんですが、当日言われるケースがけっこうありまして。むかしは、ホスト側が出したものを食べる食べないは、そのゲストの問題というのが一般的な考え方でした。きらいなら食べないというのが基本的マナーとしてはあるんですけれども、いまははっきり主張されます。「実は甲殻類が駄目」というふうに、最初のオードブルから言われるケースがありますので、魚料理が伊勢えびだったりすると、全部変えないといけないわけですけれども、これは調理との連繋で、当日でも対応いたします。調理の方もたいへんなんですけれども。ホストには遠慮して言えなくても、ホテルには言えちゃうという。まれに、油ものがすべて駄目というケースも。

――そうなると、何を食べてもらったらいいのかな。ある種のオイルショックだ（笑）。

佐藤　サラダで温野菜をつくったりもいたしますね。宗教的な問題もなかなかむずかしくて。豚が駄目くらいはいいとして、お祈りした肉じゃないと駄目とか。見た目では分からないんですが、その証明のある肉がうちには用意してありますので、対応いたしますが。

――お祈りの証明つきの肉ですか……。

佐藤　婚礼では、高砂という台の上には、ご新郎ご新婦とご媒酌人がいらっしゃるのがふつうでしたが、いまではざっくばらんというか、お客さまが上がってみんなで写真撮って（笑）。むかしは考えられなかったですね。

　時間に遅れて来られる方も、いまは一披露宴に二、三人ぐらいいらっしゃいます。そうすると、料理その他の進行が狂ってきます。また、ご新郎ご新婦が遅れられるケースとか。ご親族や主賓の方が遅れられれば、すべてがずれますし、スピーチがながければお食事も出せませんし。ですから、事前にクラークと詰めたところを打合せするんですが、百パーセントその通りにいくことは、百パーセントないという（笑）。学校の先生などはお話がけっこうながかったり、教授がご媒酌人というケースでは新郎新婦のご紹介だけで三十分……なんていうことは多いですし。

――そういう突発的事態と、料理の進行とのかね合いだってむずかしいでしょうね。

佐藤　料理が終っているのに余興やスピーチがあるとお客さまは退屈する。逆に進行が終っているのに料理が出ないと、料理が遅すぎる印象が出てくるし、そこは本当にタイムキーパーの役ですね。間をあけちゃうとパンばかり召しあがるから、料理をおいしく感じられない。

——婚礼では、酔ってくるとわがままが出る人がいますよね。

佐藤　ご新郎ご新婦との打合せでは、お酒は決められたものだけでいいと。ただフタをあけてみると、主賓の方などがそれ以外のお酒はないかと。お支払いいただくのはご新郎ご新婦なんで、そのあたりの駆け引きもむずかしくて。ですから、表に見えるのはお客さまとスピーチされている方や新郎新婦との駆け引きですけれど、裏に実は調理との駆け引きもあって。

——お色直しから新婦がずっと帰って来ないケースなんかでも、いらいらするんじゃないですか。

佐藤　そこには、メークさんとか写真室などのテナントがからんでくるんです。お色直しのメークとヘアを変えることで時間をとられる。そのあとはお写真を撮って再入場となりますので、新婦が中座している時間の読みも必要です。その間にうまく料理を出せるのか。そういう時間にいまは余興というよりも、ＤＶＤでご新郎ご新婦の紹介を入れるケースもあって、そこいらへんも料理のテンポと関係してきたり。場内が暗くなると料理を出せませんから、先に出しておいて暗いうちに召し上がっていただくようにする。その間は、お客さまはスクリーンをごらんになっていらっしゃいますから、私たちがサービスすると邪魔になるので、料理を下げることもできないという。

私は、この宴会チーフという役職から、テトラポッドという存在を連想した。テトラポッドは「四本足」を意味する英語だが、四面体の頂点をそれぞれ先端とする四本の足から成る、コンクリートの塊《かたまり》のことである。怒濤に打ち寄せられ、それを防ぐための防波堤をきずいたものの、怒濤は時にそれを越えて、道路や民家に被害をもたらす。そんな条件をもつ海岸に、ある時期からコンクリートによる、奴凧《やっこだこ》を縦横に組み合わせたような奇妙なかたちをしたテトラポッドが設置されるようになった。当てずっぽうのように海中に投げ込まれたテトラポッドの群れは、打ち寄せる大波の衝撃を分散してしまう、不思議なメカニズムをもっている。

巨大な堤防で大波を打ち返すのではなく、複雑な空間へと大波をさそい込み、押しよせる力をバラバラにしてしまうテトラポッドの対処の仕方は、人智の集合体としての、アナログ的防波堤人形を思わせるのだ。帝国ホテルにおいて、次々と発生する苦情を処理する智恵もまた、宴会チーフとスタッフがスクラムを組んで成り立たせる、テトラポッドとなっているのではなかろうか。強く大きい怒濤を、弱く小さい波に分散し、やがてその圧力が嘘のように吸収されてしまう。これは、しかつめらしい禁止事項のルールをかかげ、お客のわがままを拒絶するのとはひと味もふた味もちがう、人間味にみちたやり方ではなかろうか。佐藤さんの話を聞きながら、私はそんなことを思い巡らせていた。

宴会チーフの当日の仕事は、会場の準備、主催者との打合せ、主賓の出迎え、宴席中のゲストからのリクエストへの対応、そして見送りにいたるまで、主催者に代ってゲストをもてなすということになる。その他、不意に生じるハプニングにも対応し、遠くはなれた厨房と連繋して、細かく指示を出しつづけなければならない。ゲストの飲み物についての特別な注文には、新郎新婦や幹事との確認がとれない場合は、チーフが判断して敏速に対応する。

また、軀《からだ》の不自由な人への車椅子の用意、年配のゲストへの箸の用意などについて、ゲストが不快に思わないようなサポートをしなければならない。椅子の背もたれにバッグをかけている人に、ハンドバッグハンガーをさりげなく渡す。会に遅刻したゲストを、進行にさしつかえないタイミングで、目立たないよう席へ案内する。披露宴の受付時には、席が用意されていなかったゲストに、主催者に代って謝罪する。緊張する新郎新婦には、入場前に「力水《ちからみず》」と呼ぶ冷水で喉をうるおし、姿見に向かって笑顔がつくれるようにうながす。

それ以外にも、気の遠くなるほどの限りない役目が、宴の進行の中で突発的に発生してくるわけだが、それらすべてをクリアできることは、佐藤さんによれば百パーセントないというのだから、宴が終ったときにどっとくる疲れが察せられるというものだ。もっとも、そこに充実感をおぼえる業《さが》のようなものがなければ、おそらくこの仕事をこなすことはできないのだろう。

しかし、その私好みの業の上にあって佐藤さんたち宴会チーフの支えとなっているのは、やはり帝国ホテルという存在に対して抱く、強い価値観であるにちがいない。帝国ホテルにおける宴や会の主催者や、主催者が帝国ホテルに招くゲストは、帝国ホテルという文化を共有する人々である。そのような帝国ホテルとの縁をもつ相手に対する、基本的な敬意というものが、宴会チーフのベースにあるはずなのだ。

そして、苦笑まじりに宴会チーフの疲労の袋小路のごとき場面を語る佐藤さんの表情が、妙にさわやかであることの謎を解くカギは、けっきょくそのあたりにかかわっているにちがいないのである。

5 内蔵される秘密兵器という領域

シューシャイン　キンチャン

映画、ジャズ、そして靴

シューシャインはもちろん靴みがきのことであり、進駐軍の影響で戦後の都会の風物として、日本の都会にあらわれたもののひとつだった。私は静岡市で小学生から高校卒業までをすごしたが、街で靴みがきの姿を見たことはなかった。映画のスクリーンの中にあらわれる街の靴みがきは、だいたいにおいて東京の浅草あたりの喧騒で、犯人を見張る主人公の探偵が、片足をその靴みがきの台に乗せ読んでいる新聞のかげから目をくばる……といったシーンが多かった。「東京キッド」の美空ひばりも横にかぶった鳥打帽子とデニムの胸当てズボンをはいた、靴みがきの少女姿だった。

歌謡曲では、暁テル子が歌う「東京シューシャインボーイ」がけっこう流行り、〽サーサ皆さん　東京名物　とってもシックな靴みがき　鳥打帽子に　胸当ズボンの　東京シューシャインボーイ……という歌詞が、いまだに私の頭に残っている。

やがて、東京で大学生活をおくるようになると、渋谷の駅前にならんだ靴みがきの台に足を乗せて、映画の主人公を真似て新聞を読み、足もとに用意された缶詰の缶に水を張った灰皿に、吸いおわったタバコを落としたりしていた。

そんなわずか何分かの時間が、大学生の私には架空の時間みたいに思えたものだった。当時の私が靴みがきの台に靴を乗せたのは、雨に降られてのびしょ濡れがつづき、汚れた上に皮革に白が浮いて、自分の手ではどうしようもなくなったわが靴の、限界にいたっての神だのみのような気分だったにちがいない。その頃の靴みがきのおじさんには、「自分の靴なんだから、大事に磨いてやんなよ」といった小言を、何度かくらったという憶えがある。

大学を卒業して社会人になると、会社から大通りへ向かう途中に、二人の靴みがきがいて、雨の翌日などにそこで磨いてもらったが、やはり「いい靴なんだから、大事に履いてよ」と、学生時代と変わらぬ角度からのお説教を受けていた。その二人のうちのひとりである足のわるい人は、暇なときに読むらしい難解そうな二冊の本を松葉杖の脇に置いていた。あるときその本をのぞき込むと、表紙に『真言密教の謎』と『唯識《ゆいしき》論の系譜』とあった。それが、ひたすら他人の靴を磨きつづける人の奥には、複雑きわまりない心が沈澱しているらしいと感じた最初だった。

そんな記憶をたしかめつつ、私は帝国ホテル地下一階のエレベーター前にある、キンチャンの仕事場へと向かった。キンチャンは、一九六〇年（昭和三十五）に、当時帝国ホテル取締役であった犬丸一郎氏から、「日本一のホテルには日本一の靴みがきが必要」というセリフで口説かれ、以来五十年にわたって、〝帝国ホテルの靴みがき〟をつづけている人の、本名をもじったニックネームである。

キンチャンは、一九三三年（昭和八）に現在の北九州市である若松に生まれた。祖父は敬虔なクリスチャン、父親は材木商であり、いわば裕福な家に生まれた。その父親は、日中戦争の応召中に陣中において『糞尿譚』で芥川賞を受け、『麦と兵隊』『花と龍』『革命前後』などで評判を呼んだが、五十三歳で睡眠薬自殺をとげた、同じ若松生まれの火野葦平と親しい交友があったという。戦争責任を糾弾され、〝戦犯〟の汚名を着せられたが、戦後も兵隊精神への愛着をつらぬいた火野葦平とキンチャンの父親には、どこか同郷、同世代的な共通項があったのだろうか。

ただ、キンチャンが第二次世界大戦の終戦を迎えたのは、十三歳で中学一年生のときであり、その後に怒濤のように押し寄せたアメリカ文化に、強く惹かれた世代ということになるだろう。そんな時代の中でキンチャンは映画好きが高じてアルバイト的に映写技師をやるようになり、一本の映画を何度も観たりしているうちに、「イースター・パレード」「バンド・ワゴン」「足ながおじさん」などの映画でフレッド・アステアの魅力と次々に出会ってゆく。フレッド・アステアの他の追随をゆるさぬ華のある足さばきに惹かれたこと……つまり足もとの靴先に目がいったというのはうがちすぎる見方かもしれぬが、今日の仕事であるシューシャインの原点となる、きわめて重要なポイントのひとつであることはたしかだろう。

「あの方は、ダンサーとしても尊敬しますけども、アクターというか演技人としても素晴らしいし、シンガーとしても素晴らしい。とくにあのダンスの華麗さを見てください。振りつけもご自分でなさるそうですけど、あんなに見事にエレガントにながれるような踊りをする人は……世界一の人だったんじゃないでしょうか。そのあとも『雨に唄えば』のジーン・ケリーとかいろいろ出ましたが、華麗さがちがうんですよ、その何て言うんですか……」

フレッド・アステアの魅力について語り出すと、キンチャンはとまらなくなるようだ。私とてもフレッド・アステアの踊る場面にはうっとりと目を向けたものだったが、何しろキンチャンの場合は、アステアの足さばきが人の足もとあるいは靴への神経の集中を生み、以後の人生へのいざないとなっているのだから、語れば話が弾んでながくなるのは当然だ。

十分という短い時間の中で、ひとりのお客の両足の靴を磨き上げるときに、この軽妙な会話が見事なリズムをつくっているはずだ。そのリズムとアステアの足さばきの関係はともかく、キンチャンのシューシャインからは、フレッド・アステアのダンスに通じる、小気味よいリズムが伝わってくるのである。

また、映写技師として同じ映画を何度も観ているうちに、ブロークンながら英語が頭と軀《からだ》に自然に浸透していった。それもまたシューシャインの道への、次なるステップにかかわってゆく。映写技師をやめたあと、キンチャンは米軍の板付基地（現在の福岡空港）で、将校付きルームボーイを三年ほどやったが、この間に英語と〝スピッツ・シャイン〟を習得したのだった。

――ぼくなんかが靴みがきの人に磨いてもらったときに新鮮だったのが、かたわらに水の入ったバケツがあって、そこへ布をからめた指を突っ込んで、ある程度磨いた靴の上にパッパッと水を落としていたことで、水を使うと油がよくのびるんだと聞いてましたが。

キンチャン　これは、靴墨が油性のものじゃなきゃ駄目です。のびをよくするために、水を少量、布のほうに……この配分がむずかしいんですよ。ですから、我々もまちがえるとたいへんな結果になっちゃうんです。革の質にもよりまして配分もちがいますし。

――進駐軍の〝スピッツ・シャイン〟と水を使うやり方とはどうちがうんですか。

キンチャン　スピッツというのは唾《つばき》ですから、彼らは靴墨の中に唾をピッと入れてやるんですよ。我々、お客さま商売ですから、衛生面で遠慮してるんですが、本当は唾でやりたいんですよ。

――本当は〝スピッツ・シャイン〟がやりたいんだと（笑）。

キンチャン　唾のほうが粘り気がありましてね、靴墨、ワックスと非常に相性がいいんです。ですから我々も、本来はピッてやって、ジャズでも聴きながらがいいなと思うんですが、どうも不衛生であるということで、水を使うようになったんです。

キンチャンは、一九五四年（昭和二十九）二十一歳のときに上京し、日比谷通り沿いにある三信ビル内の「ウォーカー」という靴屋で、顧客相手の靴みがきの仕事をはじめた。店内には六畳ほどのVIP用シューシャイン・スペースがあり、顧客として白洲次郎、益田喜頓、石原裕次郎、田宮二郎などがいたという。

「それが私のスタートですね。いまでこそ舶来の靴はほとんど、デパートやふつうの靴屋さんで買えますが、当時は、フェラガモやテストーニなんていうのは、『ウォーカー』さんしか置いてなかったんです。オーナーが、上海系の華僑さんでして、とても商売に熱心な方だったんですよ。ショーウィンドーに出す靴やお買い上げの靴を、ちゃんとシューシャインしてお持ち帰りねがうと。こういうようなやり方を、いちばん先にとったお店じゃないでしょうか」

そのあとキンチャンは、一九六〇年（昭和三十五）に犬丸一郎氏から声をかけられ、帝国ホテルでの仕事をするようになったが、一足五十円という時代が七、八年つづいたという。そういえば、私の大学時代から新入社員時代まで、靴の磨き賃はトリスのハイボールと同じ五十円だったという気がする。帝国ホテルでその値段は安い気がするが、シューシャイン代に関しては、街の靴みがきと同じ値段だったのだろうか。

ただ、当時は、客室から夜に靴をピックアップし、翌日の昼までに返すというのが、帝国ホテルにおけるシューシャインの習慣だったようだ。その後、ライト館の一階にシューシャイン・コーナーができた。当時は一足二百円だったという。一九六七年（昭和四十二）にライト館が取り壊され、三年後の一九七〇年にいまの本館ができて、現在の場所に靴みがきコーナーができた。キンチャンは、それ以来ずっといまの場所でシューシャインをつづけているというわけである。

——シューシャインにいそしむ人特有の靴の見方ってあるんでしょうね。

キンチャン　革ってのはですね、どんなタイプでもそれぞれながれがあるんですよ。それを我々は、革の目と言うんですけども。

——革の目っていう言葉があるんですね。

キンチャン　その目に沿って、靴墨、ワックスを入れていくわけですね。シューポリッシュ（磨いて艶を出す、靴墨のこと）を入れていくと、革が栄養をもらって目覚めてくれる。結果を出してくれるわけですね。ですから、どんなタイプの靴でも、まず革の質を見極めるというのが、まず我々の最初のスタートですね。

——その革の目っていうのは、一目でぱっとわかるんですね。

キンチャン　もうそりゃ、長年の仕事ですから。革の質を見きわめないと、このベスト・ポリッシュはできません。

――ひとつの靴を靴墨で磨きはじめてどこで終るっていう目安は？

キンチャン　それはですね、革というのは正直ですから。おなかいっぱいになったら、これ以上入らないよと知らせてくれるんですよ。これ、微妙なうごきがありましてね。我々もクイックで最高に仕上げなければいけないという使命がありますでしょう。ですから、そのアンサーが出たら最後の仕上げに入っちゃうんですね。もうこれ以上は……ということですね。

――ここまでで十分だということですね。磨いていらっしゃるこの布の素材は何ですか。

キンチャン　綿です。混紡はいけません。綿が革といちばん相性がいいんです。シーツとかテーブルクロスとか、水に入れば入るほど、綿はきめが細かくやわらかくなるんですね。それも、穴があく寸前のものがいいんです。たとえばこれ、テーブルクロスの切れ端です。ちょっと厚めですけども、非常に革と相性がいいんです。

――穴があく寸前……いやたしかに使い古してるわ（笑）。

キンチャン　これ十年もの。まだ捨てられないんです。これは最後の仕上げ用の布《きれ》なんですよ。これで磨くと、すばらしい効果が出る、だから使いきってあげないとかわいそうでしょう。このスコッチ・タイプの革（私が磨いてもらっている靴のこと）は、シューシャイン泣かせなんです、光沢が出にくい。

――厄介な靴を履いてきちゃったな（笑）。

キンチャン　これを艶出せたらプロ、超一流です。

――そんな極め付きのシューシャイン泣かせだったんだ（笑）。

キンチャン　新しい靴もたいへんなんです。なぜかって言ったら革が反応しますんで、拒否するんですよ、革も。自分がもっている油成分と、磨く靴墨がケンカしちゃうんですね。ですから、それが馴染むまでは時間がかかるってことなんですよ。で、こうやって靴墨をにじませているうち、ほら、この最後の布に靴墨がつかなくなります。この靴がおなかいっぱいになったってことですね。

――この厄介な靴はイタリア製ですが、若い頃にチャーチの靴を清水《きよみず》の舞台から飛び降りる気分で買った記憶がありますよ。

キンチャン　チャーチはブリティッシュですね。好みがありますけど、ぼくらの感覚では紳士物はイギリスがベストです。布地《クロース》でもそうです、素材《マテリアル》もそうです。靴もナンバーワンです。

「ブリティッシュ」「ベスト」「クロース」「マテリアル」「ナンバーワン」などのはさみ方に、キンチャンらしい味があった。どこか、終戦後の進駐軍キャンプで腕を磨いたジヤズマンにも通じる日本語と英語のまじり方のような気がした。

――シューシャインの時間は、だいたい十分なんですか。

キンチャン　いちおう五分、五分……ま、決まりはありませんが十分で上げるようには。もっともこの靴は十五分ぐらいかかると思いますけど（笑）。

――ふだん面倒見てない靴だから（笑）。

キンチャン　いいえ、いいえ。いろんなタイプの方がいらっしゃるでしょ。手入れをよくしていらっしゃる靴とか、まったく油を入れてない靴というのもありますからね。でも、油を入れてない靴というのは、逆に結果が早く出るんですよ。要するに手入れがわるいですから、我々が油を入れるとパッとよみがえっちゃう。逆に手入れのいい靴というものはもっとたいへんで、けっきょくそれ以上の結果を求められるでしょ。ま、そのへんはプロですから、長年のうごきでやっておりますが。

――靴というものに対する感覚については、やはり欧米の人と日本の人とはちがうところがありますか。

キンチャン　欧米、とくにアメリカのビジネスマンは、うすいゴムでできたオーバーシューズというのをロッカーに用意して、雨のときはこれを靴の上からすっぽりかぶせて、カバーリングをするという。彼らは洋服民族ですから、靴にこだわりがあるんです。雨の日に靴がいたまないように、そういうものを。

――日本では見たことがないですね。

キンチャン　梅雨が一か月もあるのに、残念なことに。そんなにお高いもんじゃないんです。それにあのファッションは最高ですよ。

――ファッションですか。

キンチャン　恰好いいでしょ。霙《みぞれ》や雪だってときにオーバーシューズをつけて、館内に入ったら取り外して、ポケットにすっと入れてと……こういうシーンは何度も目撃しましたから。これはぜひ常備したいものですね。彼らは本当に靴に対しての愛情がすごいですから。

――冬に金沢の街の履物屋のショーウィンドーをのぞくと、雪や雨の日に下駄の爪先を覆って汚れを防ぐ爪革《つまかわ》を見かけるけれど、それだけ和服を着る人が多い街なんだなと感心して見てたんです。和服のコートと爪革つきの下駄、それに傘をさした女性の姿は、恰好いいですからね。でも、あれは下駄や鼻緒を大事にする文化の伝統でもあるんですよね。オーバーシューズも、靴の文化の伝統ゆえにあるものなんだろうな。そのオーバーシューズは、アメリカだけでなく？

キンチャン　イギリスでもイタリアでももちろん、どこでもあります。

――日本はほとんどの人が靴を履く時代になっているけれど、まだそういう文化までは浸透していないってわけだ。

キンチャン　ちょっと寂しいと思ってはいるんですが。欧米では、そういうふうにちゃんと雨の日のファッションをそなえている。とくに、アメリカのビジネスマンはすごいですね、靴を大事にする。オーバーシューズは欧米の靴屋さんにかならず置いてあるんです、L・M・Sの三段階くらいで、十ドル、二十ドルの世界です、お高いもんじゃないんですよ。我々日本人の足の平均でしたらスモールで大丈夫です。

――今度、海外旅行する知人にたのんで買ってきてもらおう。ところで、ぼくも子供の頃からよく大人の靴を磨かされて、学生時代からは自分で磨いてるわけだから、けっこうシューシャイン歴は長いわけですが、自分もふくめて素人は、靴墨を無駄につけすぎる傾向があるんじゃないかと。

キンチャン　そうです、それがいちばんの問題。しかしその適量というのは、素人の方じゃ分かりませんからね。靴を磨く最初は、まず汚れを落として靴の周り、サイドを決める。靴底の周辺をシマっていうんですけど、これが白っぽくなってると本体が死んじゃう。ですからまずここを、使い古しの歯ブラシを使って、靴墨を適量すり込む。すり込んだら拭き取る。これが初歩的なうごきでして、素人の人はどうしても靴墨をだーっと塗っちゃうんです。我々は爪先《トゥ》の部分から攻めていって両サイドにうごいて、バックに移行する。あまり極端にばーっと一気に塗らないで、少量ずつシマをなぞるようにして、両サイドに移っていくような感じでおやりになれば、我々とそんなに遜色はないと思います。

――イギリスやアメリカのホテルには、こういうシューシャインのコーナーはあるんですか。

キンチャン　私が聞いたかぎりでは、シューシャイン・コーナーというのはあまりないですね。ホテルは、ハウスキーパーがやってるんじゃないでしょうか。ただ、エアポートや駅やバーバーとか、そういう場所にはあるみたいですね。

――なるほど、バーバーと靴みがきが一緒になってるっていうのは、ギャング映画で観たような気もしますが、いい組合せですね。

キンチャン　絶対いいと思いますよ、頭刈ってて髭剃ってるあいだに足もとも。

――ところで、このお仕事の醍醐味は何ですか。

キンチャン　どう言うんでしょうか、靴が栄養をもらってよみがえると言うんでしょうか。愛情をもってシューシャインしたら、靴はかならずそれに応えてくれるんです。靴がそのよろこびを表現している手応えを感じているときの、磨く側のよろこびというのは、ちょっとたとえがたいものがあるんですよ。お客さまにも「おお、きれいになったな！」とよろこんでいただけるわけですけど、我々はそれ以上のよろこびを得られるんです。靴がそうやってよろこびを表現する手応え……この仕事の醍醐味は、もうそれに尽きるって思いますね。

――帝国ホテルの地下のシューシャイン・コーナーっていうのも、お客にとっては洒落た場所ですね。

キンチャン　これだけロケーションのいいところを頂戴して、皆さんと会話を楽しみながら仕事ができるのもよろこびですね。まず、うちに来られるお客さまは、映画が好きかジャズが好きか靴が好きか……そこからいろいろお話をエンジョイしながら仕事をすすめますから、あっという間に終っちゃうんですよ。

帝国ホテルのロビー階から階段を下り、左手のエレベーター方面へ歩くと、「靴みがきコーナー」の札が目にとまる。そこにキンチャンともう一人の職人が靴を磨くシューシャイン・コーナーがあるのだが、その仕事場のロケーションもまた、キンチャンにとってのよろこびを生んでいるようだ。帝国ホテル本館の地下一階には、有名飲食店やファッション関係の店が入っている。それらの店へ向かう途中の人々が、シューシャインの光景を目にとめては通りすぎて行くのを、キンチャンは肩で感じ取るかたちで仕事をつづけている。その肩に感じる気配もまた、キンチャンに晴れがましい気分を与えつづけているようだ。

フレッド・アステアの足もとに魅せられたことをきっかけとして、定められた運命のように靴みがきの世界へとみちびかれ、いま帝国ホテルの地下のシューシャイン・コーナーで仕事をするにいたる歳月をたどり直せば、当のキンチャンでさえ首をかしげたくなるほどの、幸運の連鎖があった。

「ウォーカー」のオーナーとの出会い、犬丸一郎氏との縁、そして帝国ホテルの代々の経営陣によって保たれたシューシャイン・コーナー、その仕事場での有名・無名なお客の靴を磨いた時間、そこにからめられる映画やジャズにからむ会話……それらの贅沢がすべて、キンチャンの雰囲気となって身についている。ひと言で表現しにくい人物像が、そこから立ちのぼってくるのだ。

私のシューシャイン泣かせのスコッチタイプの革でイタリア製という厄介な靴のせいもあり、偶然にお客が途切れた時間だったこともあって、十分をはるかに超える時間を、キンチャンとともにすごさせてもらったのは、私にとっての贅沢な時間となった。キンチャンが、映画やジャズとともに靴の文化を三位一体としてあげていた言葉が、職人の誇りとして、あるいは西欧文化を尊敬する世代の洒落た大人のセンスとして、私の耳に張りついたものだった。

接遇という伝統の隠し味

プロトコール　金子 孝

　プロトコールとは、もともと外交上の儀礼や典礼、外交交渉や国際会議で関係各国が署名した文書を意味する言葉だ。辞書を引けば「(条約の)原案。議定書」「外交儀礼」などと出てくるが、帝国ホテルにおいてはホテルをおとずれるVIPの世話をする部署のことを、その名で呼んでいる。

　これまでの取材の中にも、VIPという言葉が何度か出てくるのだが、その成り立ち以来、帝国ホテルはVIPともっとも深いかかわりをもつホテルとして存在してきた。

　帝国ホテルが開業したのは一八九〇年(明治二十三)であるが、それ以前にも日本にはいくつかの洋式ホテルが存在していた。江戸幕府が鎖国の眠りからさめ、欧米に通商の門戸を開いた幕末から明治維新を迎える時代となって、開港、開市が多くなるにつれて、日本をおとずれ居留する外国人の数が、年々多くなっていった。

彼ら外国人は当初、自らの手で居留地にホテルを設営していた。とくに横浜は、一八五九年（安政六）に開港されるや、たちまち一大貿易拠点となり、外国人の去来、居住が頻繁となり、幕末から明治にかけて多くのホテルが設置された。その代表的存在が、一八七〇年（明治三）に開業、一時中断後一八七三年に改築再開したグランドホテルだった。

またこれに前後して、外国人客の保養を目的として、日光の金谷ホテル、箱根の富士屋ホテル、奈良屋ホテルなどがオープンしており、これらは今日でいうリゾートホテルのさきがけと言えるかもしれない。

東京では、一八六八年（明治元）に客室百二をもつ半官半民の築地ホテル館がオープンしたが、一八七二年の大火で焼失してしまう。その翌年、築地精養軒が開業したが、客室はわずか十二だった。つまり、幕末以来の延遼館（政府迎賓館）を別にすれば東京には首都にふさわしいホテルがなかった。この間、一般外国人の宿泊は、もっぱら横浜のホテルが受け持つという時代が、しばらくつづいたのだった。

延遼館は、明治政府の初代迎賓館として、一八六九年（明治二）に誕生したが、石造りの壁以外はすべて木造の疑似洋式建築で、内装は日本風に仕上げられ、館内には絨緞《じゆうたん》が敷きつめられているというものだった。もともと浜御殿にあった旧幕府の海軍伝習屯所を補修して宿舎にあてた建物であり、一八八九年（明治二十二）に老朽化のため撤去された。

第一次伊藤内閣の外相であった井上馨は、政界きっての欧米通であり、その肝いりで一八八三年（明治十六）に内外国人の社交場として設置されたのが鹿鳴館であり、そこを舞台とした仮面舞踏会など西洋風俗を模倣する催しの中で、いわゆる〝鹿鳴館外交〟が展開された。

鹿鳴館には、一部宿泊施設もあったが、欧米各国からの賓客がつづくようになると、その接遇・宿泊にふさわしい規模と設備をそなえる宿泊施設の建設が、政府の欧化政策の上からも必要となっていた。そして井上馨は、時の財界を代表する渋沢栄一、大倉喜八郎、益田孝などの賛同を得て、一大ホテル建設計画をすすめた。

このようにして、一八八七年（明治二十）に生まれたのが「有限責任帝国ホテル会社」（当初は有限責任東京ホテル会社）であり、三年後の一八九〇年（明治二十三）十月にホテル建物が完成することになる。その創立約定書の冒頭は「今般我等共同シテ一大旅店ヲ東京ニ建築シ内外貴紳ノ客次又ハ宴会等ノ貸席営業ヲ為サント欲シ……」となっており、このあたりに帝国ホテル建設の趣旨が簡潔明解に述べられている。

〝内外貴紳ノ客次〟すなわち賓客たるＶＩＰとホテルとの強いかかわりは、建設当初からの伝統である。そして、帝国ホテルの建設地が鹿鳴館の隣であったことからも、土地の縁としても雰囲気としても、諸外国の賓客と通じ合うセンスを前提としてスタートしたことが伝わってくる。

いささか鹿爪らしい歴史のたどり直しをしたように感じられたかもしれぬが、帝国ホテルにおけるＶＩＰの世話をする部署であるプロトコールという業務の具体的内容の前に、そのベースとなっている帝国ホテル誕生以来の精神を、とりあえず頭に入れ直しておくべきかと思ったのである。

ただ、ＶＩＰにかかわるこのような歴史的・伝統的イメージのせいで、帝国ホテルは私にとって尊敬の対象ともなると同時に、一定の距離を感じさせられる対象ともなっていた。帝国ホテルの威厳の中に紛れ込んでしまった迷子……そこに足を踏み入れると、何となくそんな落ち着かなさが生じるのだった。

そこで、潜水病の治療法に似たやり方で、あえて水圧の強い深海の底まで沈み込んでみようと、総支配人付プロトコール・マネジャーの金子孝さんに、いきなりＶＩＰ玄関に連れて行っていただいた。金子さんは、一九五〇年（昭和二十五）千葉県船橋市の生まれで、一九七三年（昭和四十八）に帝国ホテルに入社、フロント勤務十年、ドアマン勤務十年をへて、プロトコールに配属されて十年のキャリアをもつ現職だ。

ＶＩＰ玄関は、とくに特別の場所にあるというのではなく、その向かい側にＶＩＰ専門の駐車場がある。そこに駐車する車の車種とナンバーとＶＩＰ客の名をセットで頭に入れておくことは、宴会玄関のドアマンとかさなる業務の常識であり、重大事ということになる。

玄関でＶＩＰを出迎えるのは社長や総支配人の役であり、おとずれた外国人ＶＩＰ客と玄関を入ったところにしつらえられた国旗の前で写真を撮る習慣があるという。ＶＩ

P玄関には、到着するVIP、滞在中のVIP、出発するVIPの国旗と日章旗が掲げられ、アメリカやオーストラリアの州政府の要人の場合、国旗に加えて州旗も掲げるという。

国旗を立てる順序は、二か国の場合は右が日章旗、三か国の場合には日章旗を中央に、それ以上の場合は日章旗をふくめて左からアルファベット順にならべるのが決まりとなっている。

また、その国の旗が変わってしまっているケースも多々あり、プロトコールは事前にそれを確認しなければならない。以前、バーレーンの国旗のデザインが変わっていることに気づかず、もとの国旗を掲げて注意されたこともあり、『世界の国旗』という本で確認した上、さらにインターネットで検索してカバーする。また、コソボの駐日大使が来館したさい、国旗のデザインは確認できたのだが、どこの旗屋でも売っておらず、特注でつくってもらったこともあるという。

帝国ホテルの接遇基準でVIPに入るのが、皇室関係、王族、元首、大臣、大企業のトップ、著名な俳優、歌手、指揮者などである。金子さんは私にイメージが伝わりやすいように、俳優ではアラン・ドロンとトム・ハンクス、音楽家ではオペラ歌手のパバロッティと指揮者のシャルル・デュトワの名をあげてくれた。

ただ、VIP玄関の使用の範囲は流動的で、映画関係者の記者会見や株主総会のための来館、あるいは表玄関から入ると混乱を来しかねぬゲストの場合、はたまた世間を騒がせている人たちの秘密の会見など、その時どきの判断によって決められることも多い。

——VIP玄関使用の範囲はそのときに応じて判断されるんですね。

金子　けっきょく、VIPその人を守るという警備上の問題もあるんですけれども、一般のお客さまにご迷惑をおかけしないということも、大きい目的ですので。

——VIPをVIP待遇して区別することによって、一般のお客の迷惑を避け安全を守っているっていうことなんですね。それは気がつかなかったけれど、大事な視点であり考え方ですよね。


そんな話をしながら、金子さんはVIP玄関からプロトコールの事務所、そして防災センターを案内してくれた。

VIPに関してプロトコールは、営業の担当者が外務省や大使館から収集した事前の情報をもとに接遇する。プロトコールの事務所では、モニターに各セクションが映し出され、その画面でVIP玄関の様子もすぐに分かるから、不意の出来事にも敏速に対応できるようなシステムになっている。

プロトコールのポケットには、営業の担当者から回ってくる、VIPに関しての詳細を記した紙が入っている。そこには、滞在スケジュール、宴会の出席、食事の好み、花のアレルギーなど、ＶＩＰ中心の情報が細かく記されている。チーフプロトコールの下に八名いるプロトコールのスタッフは、それをプリントアウトしたものをポケットに入れ、つねに内容をチェックしつつうごいてゆく。

プロトコール事務所に隣接した防災センターでは、四百か所ほどの場所がモニターに映し出され、館内に怪しい人物が存在するや否やなどをチェックし、警備のためのパトロールをも担っている。その防災センターのセクションとプロトコールの仕事は、微妙にかさなり合い連携し合いながら、重層的に安全を確保する体制がつくられている。

そのようなシステムの中で、ＶＩＰ玄関を入った賓客は誰の目にもふれることなく、専用のエレベーターで部屋まで行くことができる。そして、一般客は自分たちと待遇のちがう人物を意識することなく、ふつうにエレベーターを利用しているということになる。そんな業務の内容をこなすゆえ、八名いるプロトコールの平均年齢は必然的に高くなり、四十歳以上のベテランということになるというわけである。

――帝国ホテルのプロトコールというセクションは、いつごろからあるんですか。

金子　ＶＩＰ接遇係というのができたのは、おそらく二十五年ほど前だと思うんです。

――それまでは、そういうセクションはなかったんですか。帝国ホテルにはむかしからVIPがおとずれていたわけですが、その対応はどうしていたんでしょうか。
金子　専門のセクションはなかったんですが、各職場のマネジャーとか営業の担当者がやっていたんですね。
――ロビー集団の重層的なチームワークを知ってみると、たしかにVIPの対応をこなす伝統が、当時にもあったとは思いますが、さっき拝見した防災センターでのチェックやパーテーションのバリアーなどを駆使するとなれば、やはりVIP接遇の専門職の完璧に近い対応が生じてくるし、接遇のレベルが高まるし、多様化してくるわけですよね。それにしても、VIPの方の食事の好みとかアレルギーの有無は、営業担当者から伝えられると言いますが、営業担当者はどうやってその情報を仕入れるんでしょうか。
金子　大使館の方とか外務省の方から営業担当者が打合せて得た情報を、我々のほうにながし、さらにそれを全社的にながしていくんです。食事などの細かい事柄は直接レストランにいくんですけれども、情報としてはすべてあげていただくようにしているんです。ともかく、すべて把握していようと。
――VIPの方が部屋に入られたあとのプロトコールの仕事は、具体的にはどんなことになるんですか。
金子　お食事の時間が決まっていますので、その時間に合わせて、お部屋の外で待機しまして。おつきの方が時刻を見てお声かけなさるとか、場合によっては出て来られるまで声をかけられないケースも。で、お部屋から出て来られたところでお迎えして、レストランまでご案内すると。VIPの方たちがホテルに滞在されるあいだのスケジュールは、何時から食事、何時何分外出されて何時に帰られてとほとんど決まっているんです。もちろん当日の変更もありますけれども、そういう情報をもとにうごくんです、専用エレベーターを用意して。

総理、SPさんつきの大臣、閣僚クラス、衆参議院の議長さん……そういった方々が宴会にご出席されたときには、私たちは会場の外についているんです。それで、カクテルブフェの宴会のときはいつ帰られるか分からないけれど、ずっとついているわけですね。ですから、プロトコールは〝待ち〟が仕事だといつも言っているんですけど。

――仕事＝待機ということですね。

金子　レストランだったら、デザートに入りましたと連絡がきたら、「レ セゾン」の前でぴっと待っているんですよね。

――だいたいのことは八名のプロトコールでこなせるんですか。

金子　たとえば大きいデレゲーション（代表団、派遣団）のケースでは、全社的にヘルプを要請させていただきます。とくに東京サミットのときのように、何か国かがかさなって宿泊というときは、本当に全社的に対応しないと。車の手配にしても、ある国とある国の前後が狂っては困りますから。一国の首相、大統領がお出かけになられるとき〝待たせる〟というのはやっぱり大きな問題なので、インカムで連絡をとり合って、細心の注意をはらって「はい、エレベーターにお乗りになりました」「はい、車をつけて」

という感じでやらないと。

――皇族の方々のケースでは、街の信号もコントロールするそうですから、ホテルの中もすべて分刻みなんでしょうね。ところで、外国のホテルにはプロトコールというセクションはあるんでしょうか。

金子　外国ではＶＩＰの宿泊はあるんでしょうが、大きな会議や宴会などをホテルでやる習慣はないので、こういう専門職まではないとは思います。ただ、同じようなことはやっていると思うんです。この接遇課がなかったころの帝国ホテルのように。

――ゲストであるＶＩＰの公務とプライベートというか、そういうケアすべき境界線っていうのはあるんですか。

金子　いやもう、ずっとですね。賓客の方、国のお客さまたちはフリーでお歩きになることはないです。ＶＩＰのお客さままでも企業のトップの方などは、チェックイン時とチェックアウト時、エレベーターをご用意してご案内いたしますが、滞在中はフリー。

――なるほど。しかし王室関係については、部屋の中以外はすべての時間をケアするってことですね。

金子　これは私以外の者のケースですけれど、ある賓客の方とジョギングを一緒に走ったりですね。ジョギングの場合、ふつうは玄関でお見送りして「行ってらっしゃいませ」となるんですが、たまたま担当の本人が走れるものですから（笑）。

――それはしかし、その賓客の方はよろこばれたでしょうね。ただ、プロトコールの仕事は走ったあともつづくわけだから、つい走ったためにバテちゃったらたいへんですよね（笑）。金子さんご自身のケースで、誰か印象に残っている人はありますか。

金子　国連のアナン事務総長をお部屋へご案内するとき、急に早足で私を追い抜こうとされるので、先導する役のプロトコールがうしろを歩くのはぐあいがわるいですから、あわてて抜かれまいと早足に（笑）。するとさらに早足で歩かれて、お部屋の前に到着したときに、「いい運動になったよ」と肩をたたかれました（笑）。

――お茶目な人だ。ある意味、ホテルライフを奔放に楽しんでいるっていう感じですね。そういう、特別な人のふつう見られない個性と出会う業務でもあるんですよね、プロトコールというのは。

金子　ドイツのシュレーダー首相が宿泊されているとき、サッカーのワールドカップの試合を見に行かれてお帰りの道の渋滞のためにホテルにもどるのが遅くなられたんですが、やはり試合後のご気分でラウンジで記者さんと一緒に飲まれて。通常は十二時までの営業なんですが、特別に二時、三時まで盛り上がって（笑）。

――その間はやはり、ひたすら待機ですか、仕事＝待つの世界。

金子　そういうときはもう同じ空間に入っちゃいます。ラウンジの端のほうで、皆さんが話されているのを遠くにながめて。でも、ああいうところはいいなと思いましたね、プレスを招いてその日にあったこととか、いろいろお話をされているという。

――そういう体験のつみかさねがＶＩＰをケアするさいの奥行きにもなるんだろうし、

プロトコールとしての人格を磨くことにもつながるんでしょうね。そのことと、帝国ホテルや日本という国を背負っている自覚による緊張みたいなものが、やはりスリルあるバランスをとっているという感じ。でも、金子さんくらいのベテランになると、そのプレッシャーを上手に飼い馴らしていくんだろうな。

金子　いえ、緊張の連続です（笑）。たとえばお部屋へご案内しているつもりで、十字になっている廊下の筋をまちがえて、そちらのほうへ歩いて行ってしまったり。

――え、そんな初歩的な（笑）。そういうときはどうするんですか。

金子　まちがったほうへ行きかけて、平然と向きを変えてもどるとか（笑）。

――やっぱり、初歩的なごまかし方をするんだ（笑）。

金子さんからは、誠実さと生真面目さのただよう、何人もの賓客と接してきた人らしい肌合いが、余分な飾りを外した会話にまぶされるユーモアのセンスとともに伝わってきた。また、話しはじめたときから話を切り上げるまでに、金子さんとの距離が何ミリか縮まったようにも感じた。そして、それは帝国ホテルと自分との距離の縮まりであるのかもしれぬと思ったものだった。

あらゆるデータを頭に入れ、その日その時の急な変更に臨機応変に対応するプロでもありながら、最終的には人間と人間の場面になる。しかも、一対一となるケースが多くても、会話を交わすことのない、いわば真空状態になりかねぬ微妙な対し方をする業務なのだ。言葉を抜きにした近い距離にいる相手の、ある場面においてふっと顔を出す人間味だ。言葉に頼ることのない場面において、クールなプロトコールからふっと顔を出す人間味は、たとえ相手がＶＩＰであったとしても、一瞬の旅の安らぎを生じさせるかもしれないのだ。そこのところが、警備と微妙に一線を画する、接遇という業務の隠し味と言えるのではなかろうか。

帝国ホテルでございません

オペレーター　野尻三沙子

帝国ホテルのロビーをおとずれたことがなくても、帝国ホテルのオペレーターと、電話で話したことがあるという人は、かなり多いのではなかろうか。

私なども、帝国ホテルとの最初の接点はロビーフロアでの待ち合わせだったが、宿泊する知人、あるいは館内の施設の問い合わせなどの用件で、帝国ホテルに電話するケースがしだいにふえていった。館内から客室へ、あるいはバーやレストランの内線番号の確認などの件でオペレーターに連絡することもあり、考えてみればけっこうオペレーターの声と接触していることになる。

帝国ホテル以外にも、私は出版社、テレビ局、テレビ制作会社、広告代理店など、さまざまな会社のオペレーターの声に接している。そして、会社によってオペレーターの感じは微妙にちがうものの、大雑把なくくり方をすれば、オペレーターに共通するトーンというのがあるような気がしていた。ただそれは、NHKと民放との微妙なちがいがあっても、女性アナウンサーに共通する何かがあるらしいというような、きわめて漠然たる印象だった。

だが、近ごろは各社から交換台が消え、所属の部署に直接電話がつながるケースが多くなり、携帯電話の日常化もあって、オペレーターの声に接触することが激減している し、職場での電話の応対にも変化が感じられるような印象だ。応答に出た相手方の同僚に言伝てをたのんだときなど、かつての常識からすれば同じ社の人間とは思えぬ無関心、無愛想、不親切に出会ったりすることも、まれにある。相手はさほどに意識していないのだろうが、余計な伝言をたのまれている不快感などがその応対から伝わってきて、「あとでまたかけますから」と言ってみると、〝得たりやおう〟とばかり「よろしくおねがいしまーす」という弾んだ声が返ってくるというあんばいだ。

そんなとき、私は交換台のオペレーターに共通する、所属する会社を背負った感じの声音を、なつかしく思い出したりもする。ただ、あまりにも使命感をおびたオペレーターの質問に、プレッシャーを受けたり不愉快になったりしたこともあり、〝声〟のみを媒介とするコミュニケーションは、まことにむずかしくも厄介なテーマなのである。

帝国ホテルでは、二十八名の女性で編成されるオペレーターでシフトを組み、三交替制で業務をこなしている。その仕事の現場たるオペレーター室を見学させてもらったが、そこが帝国ホテルの中で唯一、靴を脱いで仕事をする職場であることを知った。そこへ入ったとたん、意外に広く明るいガラスで仕切られた空間にただよう、これまで感じたことのないタイプの緊迫感に圧倒された。その空間は、激しく尖った緊迫感というよりも、静かでやわらかい雰囲気の中に、無数の目に見えぬ糸が張りめぐらされているような感じだった。その目に見えぬ糸に触れたなら、一瞬のうちに摩擦の火花が散るかもしれぬところを、熟練された耳と口によって安定が刻々と持続されてゆく……そんな感じなのである。

四名のオペレータースタッフが着信する電話に応対し、後部というか背後にあたる監督席にスーパーバイザーが坐る。スーパーバイザーは、自らも内外部からの電話に出つつ、前に坐るスタッフの応対をチェックし、トラブル時には助け舟としての指示を出す。電話に応対するスタッフは、電話を受けながらスーパーバイザーのうしろからのチェックを意識し反応し、小さな鏡に映る自分の表情を確認する。そこにそなえ付けられた鏡は、正しい発声と、「明るく元気に笑顔で接客」と壁に貼った心がまえが、表情にあらわれていることをスタッフ自らが見定めるためのものである。

応対業務は、一回に二時間弱が限界で、十五分から三十分の休憩をはさんで、これを一日三回くり返すというが、その二時間弱の中でつつまれる緊張は、一般人の想像の埒外であるにちがいない。そんな時間を日常としてこなしているスタッフは、その仕事にふさわしい特殊な能力の持ち主なのだろうか。それとも、きびしい訓練によって緊張を飼い馴らす術を身につけているのだろうか。

私はしばらくそこにたたずんで、スタッフの仕事ぶりや、壁に貼られた標語、各国の都市の時刻比較を記した世界地図、四つに区分された画像モニター、いつ使うのか無造作に置かれた武骨な脚立《きゃたつ》、帝国ホテルの役職名簿を印す表、私には判読不能の内容が記された表などを目で追ったものの、何もつかめぬまま、オペレーター室から忍び足で外に出た。

オペレーター室の外側には、休憩用のソファと事務用のテーブルがあり、そこもまた私にとっては無機質に感じられる空間だったが、オペレーター歴十四年という野尻三沙子さんの余裕ある笑顔に、ようやく神経を現実に引きもどされた気分になった。

——いやあ、ぼくなんかには完全に無理だな、あの緊迫感。これもまた、外側からは見られない帝国ホテルの奥に囲われたみたいな場所ですね。でも、この場所自体は人の目にさらされることがないから、仕事場は見えないけれど、声は外部の人がいちばん接点をもつ帝国ホテルの具体的イメージでもあるんですよね。

野尻　オペレーターは〝声の玄関〟ですから。

——たしかに、オペレーターの第一声で、帝国ホテルの印象が決まるわけですからね。

野尻　〝声〟ですね、やはり。基本的に接続業務なので、長時間お客さまと一対一でやりとりすることはないんです。

——仕事中も、いまのような声なんですか。

野尻　これはふつうのときの声で、オペレーター室に入ると声がちがうと思います。

——スイッチが入るんですね。

野尻　はい、そうです。でも頭の切り換えがONとOFFでうまくいかないときがあって。家で何かの商品の売り込みの電話などに、自分のほうが丁寧な喋り方をしたり。それに言葉遣いが気になるんですね。相手にもきびしくなっていたり、「あ、また二重敬語になってる」とか気づいたり。

——二重敬語……。

野尻　へりくだりすぎ、ですね。

——ところで、新人のときなんか、あのうしろから見張られてる感じは緊張するだろうなと思いますけど。

野尻　監督席のスーパーバイザーは、あのうしろの特別な機能を備えた台で、すべての台の会話を聞くことができるんです。スタッフのやりとりを何となく聞いていて、「あ、もめてるな」と思うと、指示を出すんです。こう言ってとかここへつないでとか。自分がお客さまと話しているあいだに、自分の声が聞こえないように音を消して、その人に指示して、また自分のお客さまとの会話にもどってとか。こっちの耳で自分のお客さまの声を聞いて、こっちの耳では周囲の声を聞いているんです。

——プロのワザというか、ふつうの神経じゃないね（笑）。ここにいた人が異動して別の部署に行ったら、電話のとり方なんか周囲からは突飛と見えるんじゃないですか。

野尻　早いですね、職業病だと思います（笑）。

――ぼくは、はじめての人から仕事の電話があったとき、その声のイメージで受けたり断ったりすることがあるんですよ。生理的に受けつけない声だったり、声から人物像を想像したりする……これはこっちの職業病の領域かもしれないけれど。

野尻　人物像って見えてきますね。声の質とかで、どのぐらいの年齢でこういうふうな感じの人なんだろうなって。社内の人ともあまり会わない職場にいますから、電話の声だけでこういう感じの人物なんだろうと思っていて、実際会ってみて当たったり外れたり、勝手に想像するのは楽しいですけどね。で、逆に対面のほうがこわいです。

――対面か、なるほど……。

野尻　宴会のヘルプで接遇するときなど、もうこわくてこわくて。言葉が出てこなくなっちゃうんです。交換機の前にいれば何も見てなくても答えられることが、お客さまを前にすると出てこない。

――アウェーのプレッシャーとホームの安心感なんてもんじゃないですね。

野尻　でも、電話のときは対面しているようにお客さまと話しているわけだから、基本は同じなのに、いざ対面してみるとこわくなってしまって、電話のときのような対話ができないっていうのは、不思議です。やっぱり、職業病ですかね（笑）。

――声のプロが視線、表情、仕種ってものに圧倒されるんでしょうね。ここから先はえらく深い話になっちゃう（笑）。

帝国ホテルで受ける電話は、土、日が千五百件、平日が二千件前後であり、多いときは一日に三千件ほどの着信があるという。それに、客室から9番を呼ぶと、オペレーターにつながるのだが、この件数もけっこう多い。オペレーターは、まず館内の客室からのもの、次に外線、最後が業務内線という優先順位で電話を受ける。

ベルマンが「何かあったら9番にお問い合わせください」と案内するので、客室からの電話は多い。他の部屋につなぐ、備品を貸してほしい、外の電話の番号調べなど、客室からは直接ハウスキーパーやルームサービスにかけず、まず9番という感じでかかってくるという。

――見当ちがいなケースはありますか。

野尻　外線からはけっこうあります。104代わりに使われるケースも。それに、婚礼とか宴会に出席する件で、「〝平服〟って書いてあるんですが〝平服〟ってどういう服装なんですか」とか（笑）。「お金は常識的にはいくら包んだらいいんですか」とか。夜勤でそういうお電話がかかってくると、つなぐ先がないのでちょっと。あと、料理のレシピとかも。

――帝国ホテルに聞けば何でも分かるかもしれないから、とりあえずかけてみようっていう感覚ですね。そういう場合は、なるべく対応するんですか。

野尻　そうですね。でも以前びっくりしたのは、どこかの食品をお買いになって、「〝アサリのクラムチャウダー〟って書いてあるけど、クラムはハマグリですよね。おかしいと思いませんか」って（笑）。そんなこと、私に聞かれてもと、調理部の人に聞いたりして。けっきょく「クラムはハマグリのことも指しますし、二枚貝のことを総称していうこともあるようです。あとは、つくった会社に聞いていただけますか」ということに。

――何だか、仕事っていうより事故に巻き込まれたっていう感じですね（笑）。それにしても野尻さんは、ずっとこの部署なんでしょう。

野尻　二回の産休をへて、もどってきました（笑）。十四年目ですね。この交換機も、私が入社する数か月前に入っているもので、一緒の十四年目なんです。

この交換機は、帝国ホテル仕様として日立と共同開発したもので、天気予報、宿泊者リスト、館内で開催中のイベント、宿泊・宴会のプラン、駅や高速出口からの道案内、近隣の映画館や公共施設の電話番号などのあらゆるデータが組み込まれ、画面に表示される機能をもっている。

このように専門的な機能をそなえたオペレーターセクションは、ホテルでもほとんどなくなっているという。その機能もさることながら、それを使いこなす人材の数もまた、時代的には下り勾配ではなかろうか。帝国ホテルにおけるオペレーターの現場を目にすると、そのような最高のコンピューターの機能と人的資源の組合せによる、ぎりぎりの絶景を打ちながめているようだった。

――言葉って、聞き返されると不快になるっていうところがあるような気がするんですよ。でも、聞き返さないまま先へ進んでしまうと、英語の会話じゃないけれど、意味のわからなさがどんどん広がっていってしまうでしょ。

野尻　お客さまってほとんど、第一声にキーワードをおっしゃるんです。その最初のキーワードを絶対に聞き逃さないようにしないと。お客さまとの誤解があったりして、何かのミスにつながるのが、最初のキーワードを聞き逃していたことにはじまっているっていうケースが多いんです。しかもそれ、録音がぜんぶ残るんですね。だから私たちオペレーターの通話は、まったくごまかしがきかないんです。私が「言ってません」って言っても、駄目なんですよね。

――うしろから見られ、ガラス張りで、なおかつ録音が残る……うーん、つらい業務だ。

野尻　お客さまとのミスになった会話をメモに書き取るっていう研修もあります。一字一句、お客さまの言葉も自分の言葉も書き取っていくと、すごく勉強になって。「あー」とか「えー」までぜんぶ書いて、支配人に提出するんです。そこから自己修正もして、どう言えばよかったのかっていうことも書いて。

――そこまでやるんですか。そこまでの訓練というか修業みたいな時間は、人生の中の時間として楽しいということにつながるんですかね。

野尻　はい、楽しい。最初の出産が入社して三年目のときだったんですけど、やっぱりはじめはつらくて、お客さまとの会話がかみ合わなかったのが、その三年目ぐらいからすごく話すことが楽しくなってきたので、産休をとったあともどってこようと思ったんですよね。本当は、やめようかどうしようか迷っていたんですけど。夜勤がある仕事なんで、母親になってもどってくるのは、かなり覚悟がいりましたけど、仕事が楽しいっていうのがやっぱり。

――頭が下がるっていうか、すごい境地だと思うな、その言葉は。

野尻　笑顔は見えなくても「明るく元気よく」は伝わるし、おわびのときは本当に頭を下げて。そんなとき設置されている鏡で表情をチェックして、声はしっかり腹式呼吸……そういう声の出し方が自然にできるまで、五年くらいかかりましたね。それに〝声の玄関〟だから、どこかのセクションのミスへの苦情がくれば、そのお客さまに対して「申し訳ございません」と。そこでちゃんと対応できないと、二重苦情になっちゃうので。お客さまにどれだけ気持を抑えていただいて、その件の責任者につなげるかっていうことですね。

——そこで発する言葉が、個人的な意味での申し訳なさじゃなくて、帝国ホテルのオペレーターとしての言葉になっていなければならないわけだから、たしかに気持を抑える必要はあるな。自分の職務に合った言い方で……やっぱりプロですね。

野尻　最初は、「帝国ホテルでございます」のこの初歩中の初歩の言葉が、うまく言えなかったりしました。山なりに話すんですよね、上がって下がるっていうのが基本で。帝国ホテルでございます……これを上がって下がる山なりに発音するんです。

——帝国ホテルでございます……いや、むずかしいですね（笑）。

野尻　隣のオペレーターにつられてしまうこともあって。隣の人がお客さまに「申し訳ございません」と何度も繰り返しておわびしていたのが耳に残っていて、自分の電話の外線が着信したとたん「帝国ホテルでございません」って口ばしっちゃって。「あれ、いま私〝帝国ホテルでございません〞って言った？」みたいな。でも、お客さまにはそれが伝わっていなかったようで、ふつうに話されて。それでも、録音にはちゃんと残ってるんですけど（笑）。

——でも、「帝国ホテルでございません」は切ない話だなあ。それに、お客の立場からは、オペレーターが正しくつなぐのがふつうであって、手際よくつないでくれてありがとうなんて言われるわけないし。電話をつながれた現場でも、オペレーターが苦肉の策を講じたあげくつないでるなんて知らないから、やっぱりふつうに「はい」となるわけでしょう。ミスだけが問題になって、訓練や精神力や集中力や求心力でむずかしい局面を切り抜けてもふつう……まさにプロの仕事師の孤独って感じだけど、もしかしたらそこにやりがいとか充実感、それを押しつめていったあげくの楽しさみたいなものがあるんでしょうね。だから心のどこかで、難局ってやつを待ちかまえているような（笑）。

野尻　だから、「ここかな」と思ったところが当たってたりすると、「やった！」みたいな。

――そういう隠微な快感は、きわめて職人的だなあ。そこに集約されているような気がしますね、オペレーターの世界っていうのは。

小学三年生と四歳のお子さんがいるという野尻三沙子さんは、オペレーターのシビアさを表面に出すことのない、おだやかな肌合いの女性だった。その表情からは、私がショックをもって受け止めた複雑きわまりない業務内容を、すっかり濾過《ろか》したような明るさが伝わってきた。

オペレーター室のドアの奥に、電話の回線が目立つ機械室があり、その部屋の突き当たりのドアにある検眼表みたいなものに気づいて近づいてみると、発音練習のための表だった。オペレーターたちは朝の仕事の前にこの表に向かい、「アエイウエオアオ」「カケキクケコカコ」「サセシスセソサソ」と大きい声を出すのを日課としているという。

午前六時から十一時までの着信は「おはようございます、帝国ホテルでございます」、十一時から午後六時までは「ありがとうございます、帝国ホテルでございます」という言葉で迎える。また、三秒（一コール）待たせたら「お待たせいたしました」、十秒待たせたら「たいへんお待たせいたしました」と言葉遣いを区別する。

あるいは、客室からの電話によるモーニングコールのリクエストに対しては、オペレーターが電話で連絡を入れる。そのさい、宿泊客が眠そうな様子であれば、三分から五分後にもう一度連絡し、返答がなければ、デューティマネジャーに連絡し、部屋までノックしに行ってもらう。

このように、事細かく決まった初歩的な方程式の上に、野尻さんのプロ意識を刺激する、厄介なハプニングが気ままに発生してくると、にわかに高等数学のような展開になってゆく。そこからはコンピューター機能が縦横に生かされてくるのだが、最後の最後のところでは人間の力が結果を大きく支配する。声のみによる〝接客〟ではない〝接続〟という業務の奥深さを痛感させられるとともに、線でつながる電話までは、ぎりぎりアナログの世界であるという実感が、私の中に強く残った。それにしても、「帝国ホテルでございません」には、切なくも圧倒的な説得力があったものである。

百年の伝統を誇る、目で洗うランドリー

ランドリー　栗林房雄

日本において西欧式のクリーニング業が始まったのは、一八六二年（文久二）から一八六四年（元治一）のころとされ、利用客としてその対象となるのは、日本に居留する外国人であった。したがって、この時代に西洋式洗濯業が開業されていたのは長崎、横浜といった外国人が多く出入りする街にかぎられていた。だが、当時の洗濯法は、しみ抜きについても試行錯誤の連続で、水洗いのきかぬ衣類についての洗濯法はさらに困難をきわめていた。

横浜では、フランス人がすでにドライクリーニングによる洗濯を実施して話題になっていたものの、その方法は秘密とされていた。そして一九〇六年（明治三十九）に白洋舎が創業され、翌一九〇七年に日本初のドライクリーニング方式が導入された。この間に四十五年の歳月を要したのだが、明治時代の日本人の庶民の普段着は着物であったわ

けで、外国人との接点をもつ環境以外では、クリーニングの需要がかぎられていたための、遅々たる足どりだったのだろう。

一八九〇年（明治二十三）に開業した帝国ホテルは、もちろん外国人宿泊客が多く、当初からそのニーズが高く、一九一一年（明治四十四）に館内を改造して独自の洗濯場を設け、洗濯部を新設した。ホテル・ランドリーのスタートだった。したがってこの年から数えれば、帝国ホテル洗濯部は、二〇一一年で百周年を迎えるのだ。考えてみれば、一セクションの歴史として百年の歴史はすごい。

大正から昭和へと時代がすすむにつれて、日本人の衣生活も洋服が中心となり、西洋式クリーニング法も一般的となっていった。かつては船旅中心の時代があり、長旅ゆえにホテルへ到着したとたん、大量の洗濯物を出す傾向があったという。日本人にとっても外国への旅は〝洋行〟であり、船の旅と洗濯物は密接にかかわっていたにちがいない。

帝国ホテルの現在におけるランドリー工場は、広さ三百平方メートル。そこに二十三名の技術スタッフと十二名のメッセンジャー（客室へのデリバリー係）、それに事務職が存在する。ここで取り扱う洗濯物は、基本的には宿泊や宴会でホテルを利用する客の衣類ということになる。

午前七時三十分から午後十一時まで営業なのだが、年末年始の繁忙期などでは、一日に二千点を超える洗濯物が持ち込まれるという。その洗濯物は、午前中に出せば、その大半は夕方までに各客室にもどされる。客室には、ランドリー専用のダイヤルがあり、早朝六時からはテープでの対応も可能だというから、さすが百年の歴史をほこるセクションにふさわしい対応だ。

このランドリー工場で行なわれる仕事には、水洗い、ドライクリーニング（しみ抜きをふくむ）、アイロン、蒸気・機械関連と、大別して四つのセクションがある。それぞれのセクションを一年ずつこなし、一人前になるには四年かかる……と、「ランドリー」の栗林房雄さんが説明してくれた。

栗林さんは、一九四九年（昭和二十四）の生まれで、父上が郵政省に勤務していたため、赤坂の官舎や奥沢の官舎で、幼少期をすごした。幼少時にそのような特殊な環境で育った少年は、やがてクリーニング屋を経営していた叔父の店につとめ、そこからいくつかのクリーニング屋での修業をへて、一九七四年（昭和四十九）に帝国ホテルに入社し、以来ランドリー一筋で今日までやってきた。

栗林さんは、最初に客室から出された洗濯物をチェックする仕事場から、ドライクリーニング、アイロンがけ、ボタン付けなどの現場をていねいに案内してくれた。その途中の作業場に「GUCCI」という印刷文字が貼りつけてあった。

――これ、何の意味ですか。

栗林　この有名ブランドのシャツの襟だけが、洗ったら濃くなって。どう見ても熱で変化した様子はないので、元からそうだったんじゃないかとメーカーに問い合わせても、そういうことはないと。

――次から同じブランドがきたら要注意と（笑）。

栗林　その場合は機械に回さないで手作業でやる。

――栗林さんは最初、帝国ホテルで三年ほど働いたら、やめて独立するつもりだったんですってね。

栗林　そのつもりが、ここであつかう衣類の幅広さ……ドレスから民族衣裳、あるいはいろいろなブランドや素材もあって、そういうことに惹かれているうちに、気がついたら十年たっていたという（笑）。

――三年でやめるつもりが十年たっちゃったと（笑）。

栗林　というか仕事を覚えきれなくて。

――ひと通りの仕事をこなして一人前になるまで四年かかるって言われましたものね。

栗林　しみ抜きも面白いし。

――たしかにしみ抜きは、たのんだ側から言っても、何か手品を使われた感じでね。しみ抜きをしてくれっていう注文がなくても、しみがあったらとるんですか。

栗林　クリーニングの場合は、とれる汚れはすべてとってお返しします。ただ、以前とくらべてもしみの種類とかしみ抜き剤は同じなんですけど、衣類の素材が変わってきてますね。しみ抜きの工程まで熟練したスタッフでないと、夜勤は無理。一般的なクリーニング屋さんは、たとえば水洗いの洗い場をやる人はずっと洗い場、仕上げは仕上げというかたちになるんですね。ただ、うちの場合は夜、夜勤者が一名になるんです。だから、洗いから仕上げからしみ抜きから、ぜんぶできないとつとまらないんですね。四年間で、みんな一定のレベルまで育ってもらいたい。逆に言えば、四年たたないとひとりでの夜勤はまかせられないという。

――そういう熟練の検分と技術がないと、無理なんですね。

栗林　それから、「ワイシャツの首回りだけ糊付けしない」とか、「袖回りは折り目をつけない」とか、細かい注文にもぜんぶ対応してますからね。糊付けはすべて手作業で……ですからすべてオーダーメイド。ここのところが、街のクリーニング屋さんとのちがいですね。それに、ここには二百種類のボタンを用意してありますので、ボタンがとれかけていたら縫い直すし、欠落していたら新しいボタンをつける。まったく同じボタンというわけにはいきませんけど、一応そろってます。

――なるべく早くっていう注文には、どれくらいの時間で対応できるんですか。

栗林　クイックサービスで、三時間以内におとどけするかたちで。ランドリーを自前でやっているので、それが可能なんですね。

――ランドリーを外に出すシステムでは、対応しきれないですよね。

栗林　二千人や三千人の大型パーティでは、ワインをこぼしたり食事のしみをつけたりするケースが出やすいですから。

――ああ、そういうランドリーの底力に救われたひとりが、「インペリアルラウンジアクア」の勝又さんだったりするんだ（二一〇ページ参照）。

栗林　技術の熟練も大切ですが、気持の問題が大事ですね。ランドリーのスタッフは、お客さまの顔を直接見ることがありませんので、お預かりした衣類そのものがお客さまですから、ここにとどいた衣類を放り投げたりしない。

――街のクリーニング屋さんの外を通りすぎるとき、パッパッと洗濯物を投げてるのを時どき見かけたりしますけど、あれはプロらしい豪快なけしきだと思ってました（笑）。やっぱり、帝国ホテルのランドリーが帝国ホテルのお客の洗濯物をあつかう精神というのは当然ちがうんですね。

栗林　従業員の教育の一環で、ランドリーは接客の業務ではないんですけども、お客さまに対する心構えとか挨拶の仕方とかの研修に、我々も入らせていただいているので、顔は見えなくてもきちっとしなくちゃいけない。それに、顧客の方のお部屋番号とお名前が分かるので、何号室の何々さま……という感じでやっていますから、おのずとぞんざいにはできなくなってくるんですね。下請けの仕事ですと、お部屋番号もお名前も分からないから、単なる品物になっちゃいますからね。

――最初のチェックも、そういう気持なんでしょうね。

栗林　検品ですね。

――それは、検品の担当の人が？

栗林　いや、ドライとか水洗いとかの担当がそのチェックをするんです。素材、しみの成分、ほころびの有無、サイズ、セーターとか縮みやすいものの大きさを測っておいたり、あらゆるケースを想定した事前チェック。これが大事で、まず「目で洗う」と言うんです。

——目で洗う……すごい言葉ですね。

栗林　ドライクリーニングの場合、ここの機械で焚く蒸気に耐えられる素材かどうか。それによって、上から蒸気をかけるもの、中からかけるもの、押しつぶすかたちでかけるものといろいろ種類があるので、そのチェックをする。チェックするときに、もしふつうにドライで蒸気をかけてはいけない生地が使われているものがあれば、それを担当者に注意する。だから洗う人は、仕上げのほうまでもチェックしないといけない。品物がうごいていっちゃうと、もう止めようがないですから。

——衣類に使われている素材は、次々と新しいものが出てきますからね。

栗林　素材だけじゃなくて、糸の編み方によっても、その仕上げ方がちがってきちゃいますので。

——衣類についている表示を鵜呑みにするんじゃなくて……。

栗林　そうですね。むしろ表示を見る前に、だいたいの判断がつかないと仕事にならない。いま、ポリエステルとかポリウレタンとか、しわになりにくい素材とかが次々と出てきてますよね、洗濯のことはいっさい考えていないような。パリコレなんかにポリ塩化ビニールとか。

――パリコレ？　ポリ塩化ビニール？

栗林　ちょっとテレビでやっていたもので見ていたんです。ある有名ブランドのコーナーで、ポリ塩化ビニールをあしらったどうのこうの……嘘だろう、やめてくれと。

――画面に向かってやめてくれ、ですか（笑）。

栗林　あれはドライクリーニングすると固まっちゃうんですね。水洗いでも、アイロンを乗っけて熱をかけたらもう駄目、やっぱり固まっちゃうんです。

――さっきの壁の表示ですけど、さっきのブランドに加えてそのブランドも加えておかないと危険ですね。

栗林　パリコレなんかで発表したものは、商品化されやすいですし。

――ランドリーがそこまで目配りをするっていうのが、やはり伝統の奥深さなんですね。

栗林　それとですね、ランドリーで仕上げた衣類が部屋に返ってきても、お客さまがそれをすぐに着られるとはかぎらないんですよね。

――どういう意味ですか。

栗林　そのお客さまの習慣なり考え方だったりして、ここで仕上がったものを次のシーズンまで着られない場合だってあり得ると。

――はあ、なるほど。

栗林　ですから、伝票は三年くらいはとっておきます。

外国人宿泊客が多かった帝国ホテルでは、早くからランドリー部門の強化に力を入れたが、その初期においては二つの外部業者にランドリーを発注していたという。だが、一九一一年（明治四十四）には、総支配人であった林愛作の発案で、ホテル郵便局とともに洗濯部が開設された。そこから、ホテル宿泊客の洗濯物をすべて引き受けるシステムがスタートし、百年の歴史を刻んでいるというわけだ。

そのランドリー・セクションのここまでの進化と、帝国ホテルの誇りをエネルギー源とした洗濯部門の精神力の持続は、当時からも想像のできぬことであるにちがいない。そして三年でやめて独立するつもりでいたという栗林さんは、もはや帝国ホテルランドリー部歴三十六年、その伝統の成果を担いつつ、ランドリーの面白さをさらに突きつめて先へすすもうとしているようだ。

――それにしても、栗林さんみたいに一徹にランドリーの筋道を生きてこられた人には、やはり職業病みたいなものが出てくるんじゃないですか。たとえば、電車に乗っているときなど、しみのついたジャケットを着ている男性や、プリーツがとれたスカートをはいている女性を見たりすると、やけに気になってしまうというような。

栗林　そういえばあの、そのジャケットの袖のしみは、どんなときについたんですか。

——え、これですか。これはかなり以前にやっちゃって、このあいだクリーニングに出したんですが消えなかったので、べつにいいかと思って着てるんですが。

栗林　ええと、しみ抜きします？

——いや、そんなことはおねがいできないですから。

栗林　こういうお仕事でここへ来られて私が見てしまったしみですから、特例ということで。

——いいのかなあ……。


私は、ジャケットの袖に残っているしみが、実はかねがね気になっていて、この日わざと着用におよんでいたのだった。そんな確信犯の私の心を見すかしたように、栗林さんはすっとその席を立って、しみ抜きの作業台へと歩いて行った。私はおずおずとそのあとにしたがい、緩慢な仕種でジャケットを脱いで、栗林さんの作業が見やすい位置に立った。

栗林さんは、そこからの私の視線など気にする様子もなく、淡々とした表情でジャケットの袖口のしみの上に、しみ抜き剤らしい白い粉をのせ、熱を加えるものだという機材の先端で、その上を何度か上下させたり左右させたり円のうごきをさせたりしたあと、裏側からも同じようなことをしていた。同時に栗林さんは、圧力をかけるのか熱を高めるのか足もとのペダルを強く弱く踏んで操作していた。私の目にはそんな大雑把な作業としか映らなかったのだが、ほんの三分ほどのあいだに、袖口のしみが嘘みたいに消えてしまった。「古いしみの場合は、しみの部分が白っぽくなっちゃうケースもあるんですよね」、そう言った栗林さんは、無造作な手つきでジャケットを返してくれた。私は、飛び切りの仕事師にカンニング的に手品を見せてもらった気分で、袖口のしみのなくなったジャケットを、あわてて両手で受けとめたものだった。そんな私の様子を見る栗林さんの表情を、幼少期に官舎ですごした少年らしい独特のいたずら心が、ちらりとかすめたようだった。

施設部長　佐藤　誠

ハード面でホテルを支える、骨太で柔軟なセンス

施設部というのは、どのような仕事をするのか……外部からはまことにつかみにくい業務であり、帝国ホテルの伝統のイメージを思い浮かべて想像したところで、私などには具体的な仕事の内容はおろか、イメージさえもおぼろげというセクションなのである。

施設部は、スタッフ五十五名という大所帯で、大別すれば運用課と開発課の二チームがある。運用課には三十六名のスタッフが存在し、電気、空調（ボイラーなど）、衛生（配管・給湯・給水など）、工作（木工・鉄鋼・椅子・家具など）を担当している。

開発課は十名で、その時どきのプロジェクトと関連し、たとえば本館の大規模改修、バイキングの部分改修、定期的に行なう絨毯《じゅうたん》の張り替えなどを担当する。

施設部の拠点は地下一階にあり、その中央監視室において、冷暖房や給湯、エレベーターなど館内のシステムが正常にうごいているや否やを、二十四時間体制でチェックし

ている。

施設部長の佐藤誠さんは、一九六三年（昭和三十八）に東京都武蔵野市に生まれた。通っていた工業高校に三百社ほどの企業からの新卒スタッフの募集があり、その中のひとつが帝国ホテルだった。帝国ホテルは日本を代表するホテルであるうえ、自社にボイラーが保有されていることに惹かれて入社を希望し、一名の推薦枠を得て入社試験に合格した。そして施設部に配属され、以来ずっと施設関連部署に所属している。

つまり佐藤さんは筋金入りの施設マンであり、私はその業務たる〝施設〟の何たるかについてまったく見当がつかないというわけで、この帝国ホテル膝栗毛の道中で、どうやら大井川か箱根の難所にさしかかったか……という実感がわいた。

佐藤さんは、これまで取材してきた帝国ホテル各部署の従業員とは、少しばかり肌合いがちがっていた。他のセクションのプロたちは、目に見える相手であれ見えぬ相手であれ、ともかく人間そのものを相手とするプロたちだった。施設部の仕事もたしかに、最終的には何らかのかたちで帝国ホテルを利用する人間が相手ということにはなる。だが、施設部はそういう人々にとっての空気や環境をつくる業務なのであり、帝国ホテルにおけるお客と直接対面することのない、理数に工を足した仕事をこなすプロ集団なのだ。

そして私はといえば、中学二年あたりで数学の授業についていけなくなり、その責任を数学担当の先生の説得力不足と決めつけ、その後は理数関係の頭脳におびえつつ、屈理屈三昧の迷路へと迷い込んで今日にいたっているという立場である。

そんなことを頭に浮かべている私を、「じゃ、行きますか、受水槽」と、佐藤さんはまるで大相撲の桟敷席へと案内する呼び出しのような馴れた足どりですいすいと先導し、重そうな鉄の扉の鍵を、まるで駅のコインロッカーのキイでもさし込むような気軽な感じで開けた。私は、佐藤さんのうしろからおずおずと首をのばしてドアの内側に目を凝らしたが、眼前にあらわれたあまりにも意外な風景に、つい感嘆の声をあげてしまった。

そこにあったのは、想像外に巨大で変形な、ワイン蔵のごときけしきだった。そういえば、この空間に足を踏み入れたとたん、ほのかな木の香りにつつまれたような気もしたりして、理数がどうのこうのというわだかまりがにわかに立ち消え、私はただ茫然とその巨大で変形なワイン樽に見入っていた。

その正体は受水槽と呼ばれる、長径十二メートル、短径五・七五メートル、高さ四メートルの楕円を成す二つの樽だった。楕円形になったのは、単に設置場所の構造上の理由であるらしい。樽の素材は米ヒバで、この厚さ七センチの板が、約四十本の鉄線で締め上げられているありさまが、私の目に変形のワイン樽と映ったのだった。

ふつう、受水槽はステンレスや強化プラスチック製が多いが、木製のほうが保冷、保温にすぐれていて、弾力性があり耐震性にもすぐれている。さらに、錆《さび》の発生がないため衛生的で、傷んだ箇所があればそこだけ組み替えることができるのも、受水槽としての利点だという。

ひとつの樽の容量は二百二十五トンであり、二つの樽で帝国ホテルタワーで一日に使用される五百トンの水がまかなわれる。ここにあるのはタワーで使用される水のみをためるための受水槽で、本館にはまた別の受水槽があるという。この樽に貯められた水は、タワー上層階にある小型の木製受水槽にポンプで移送され、重力によって客室、ショップ、フロアなどに供給される。

年に一度は水を抜き、ブラシや高圧洗浄機で磨き、メンテナンスをする。初代の木製受水槽は、一九八三年（昭和五十八）のタワー開業のためにその二年前に設置され、現在の受水槽は二〇〇九年（平成二十一）に新しくつくられたものである。

外部からは想像しにくい、帝国ホテルタワーの地下にあるそんな空間のあらましを、佐藤さんは茶飲みばなしのような雰囲気で説明してくれた。

佐藤さんが次に案内してくれたのはボイラー室。ここもやはりホテルの地下にあたるのだが、受水槽があった場所とはちがう意味で、帝国ホテルの規模を感じさせるダイナミックな空間だった。ボイラーは、燃料を燃焼させて得た蒸気を使用して、水に熱を伝えて給湯や暖房用に使用する熱源機器なのだが、そのスケールの大きさはやはり、ホテルに内蔵されるイメージを超えていた。

給湯用あるいは暖房用の湯、またはランドリー工場内への蒸気がすべてここから供給され、たとえばアイロンなどで使用される。近年では、このように自社でボイラー室を保有している企業は少なくなり、湯や蒸気は外部から購入するのが常識となっているという。

そのボイラー室を出たあたりで、私は佐藤さんがなぜ最初にそこを案内してくれたかという理由のヒントくらいのものを拾い上げた。帝国ホテル、レストラン、バー、ラウンジ、ロビー、エレベーター、接客などの内側に、そしてその底に、目に見えぬ巨大な力がはたらいていることを、素人の私にまず風景として伝えておこうというのが、佐藤さんの親切な目論見にちがいないと思ったのだった。

抽象的ともいえる巨大なシステムをまず紹介し、その風景ときわめて日常的で人間的な場面とが、施設部というセクションの幅のうちにおさまっている。そのことを私の頭に灼きつけるために、最初に披露された二つのシーンは、たしかに大きな意味をもっていた。

施設部の拠点である地下の監視室には、その巨大なシステムとはかかわりがないように思えて、むしろ密接にかかわった問題が、勝手にもち込まれる。「水がながれない」「エアコンの調子がおかしい」などに対しては、施設部運用課は深夜でも対応しなければならない。さらに、「スーツケースが開かなくなった」、あるいは「コンタクトレンズや指輪を洗面台にながしてしまった」などというケースもまた、施設部運用課に要請される仕事なのだ。

ホテル内の電球は、シャンデリアから間接照明、誘導灯、ＬＥＤ（発光ダイオード）まで約十万個、三百六十種以上があり、その中で切れた電球を探すため、スタッフは、一日中館内を見回るという。

ただ、そういう夜回りや火の用心的イメージと、あの巨大な受水槽やボイラー室のイメージとをつなぐ糸が、私の中で容易には結びつくはずもなかった。

――切れた電球を探すのに、釣竿みたいな道具を使うんですって?

佐藤　ストレッチャーという専用器具ですね。故障のときは予兆として妙な音を発するケースがあるので、それを調べる聴診器とか小道具はいろいろ。

――聴診器……医者の世界が入ってきましたか。施設部はたしかに、帝国ホテルの建物の主治医みたいな存在なんですね。病気になる前の予兆まで健診するわけですから。

佐藤　施設部というのは、ライト館のときから〝保守〟という建物の維持管理がメインでしたね。

――保守……まさに言葉の第一義的な意味で〝保守〟ですよね。

佐藤　〝保守〟の職場にプラスして開発系の職場が合併して、つくる部隊と守る部隊が一緒になって施設部をつくり、そこに五十五名が在籍しているわけです。

――つくる部隊の開発系と、守る部隊の運用系が一体となって施設部になっているんですね。

佐藤　帝国ホテルには、すべてのものを基本的にすべてこの中でつくるという姿勢があって、私が入る前は〝製氷〟という氷をつくるセクションもあったそうですから。帝国ホテル内でつくった氷で、宴会の氷細工をつくっていたわけですね、自社で。

――はあ、氷彫刻の平田謙三さんが参入する以前の歴史ですね。つくるものは基本的に自社でつくるという帝国ホテルの姿勢は、ベーカリーとかランドリーにもかさなりますね。

佐藤　ケーキをはこぶトレイみたいなもの、あれもつくってました。コックさんやパティシエによって、やはり好みの大きさがあります。ホテルの各現場にはこだわりやポリシーをもっている人が多いですから、こういうものが欲しいと言っても街では売ってないんですね。だからつくる……帝国ホテル内部からの特注でつくるものは多いですね。

――運用系の人と開発系の人とでは、向き不向きがまるでちがうように思うんですが、人事の交流はあるんですか。

佐藤　開発系は未来のことを請け負い、運用系は過去というか、いまあるものの修理などの〝保守〟をするわけですから、向いてる方向はまったくちがう。でも、つくる人は守ることがわからないといいものがつくれないし、守る人もつくることがわかればどうやって守るかがわかるわけで。ただ、いずれにしても技術者としてのこだわりに執着しすぎて、使う人のことが抜けてしまうケースはまずいですね。やはり意識が内側に向いてはいけないというのはあります。

――その意味で両者の合体は意味があると。で、自社でつくったものを自社でチェックするわけですが、チェックはどんなペースで？　建物自体が生き物みたいなものですから、何かが発生する以前のチェックはたいへんでしょう。
佐藤　一日に四回のパトロールを、Aコース、Bコース、Cコースとコースを変えて。それから週一回見ないといけないものもありますので、何か音が変わったというようなことに気づかなきゃいけない。モーターはベアリングの集合体ですから、摩耗《まもう》してくると音がぶれるので、それを聴診器で。
——聴診器は大活躍ですね（笑）。
佐藤　最近はいろいろとハイテクになってきて。むかしはやはり目視とか耳でじかに聴くとかやっていたんですが、いまはサーモカメラで電気の分電盤などの温度を計るんですね。ネジがゆるんだりすると、温度が異常に高くなります。予防保全というかつまりは〝保守〟なんですけど、点検して悪いところを整備しています。たとえばベアリングだったら二万時間と耐久時間が決まっていたりするんです。そうすると二十四時間作動していれば、だいたい二年で交換しなきゃいけない。そこを目安に計画を立てて点検して、目視してOKなら一か月のばす。一か月先にまた目視して、大丈夫ならまた一か月のばすというふうに。
——癌の手術後の定期検診みたいだな（笑）。
佐藤　それでも見切れないところもあって、本当に老朽化して壊れちゃうものもやはりあります。何しろ、この本館の建物の年齢は四十歳ですから、ご老体とは言えないからとりあえず元気だけど、そろそろ傷みはじめる年齢にはきているという。ただ、電球であれば、いまはむかしの白熱電球とちがって蛍光灯型のボールランプなどを使っているので、切れるまでの時間が多少はながくなってます。LEDなんかもそうですね。

——エコや省エネの観点からも、いろいろと進歩しているんでしょうね。

佐藤　今年は百二十周年の年だというので、OBの方からむかし施設部で使っていたものを送っていただくケースがあって。先端にガラス細工みたいにつまんだ跡のような突起部分が残っている真空管みたいな形の電球や、大きめのトマトみたいな形をした消火弾とか。

——消火弾……。

佐藤　火災のとき、それを「てや!」と投げるらしいんですけど、何かに当たって砕けると中身の消火薬が飛び散るという。

——「てや!」とね(笑)。でも、そういう発明をしたOBの方との交流は、ゆたかな気分になるでしょうね。

佐藤　帝国ホテルの中でも、コックさんと施設部は、そんなに異動がないので、OBの方も職場に来やすいというと変ですけど……。

——ぼくも出版社につとめているとき、かつての編集長なんかが職場をたずねてきて、「むかしの目次づくりはね……」なんて話してくれたときは、何かうれしかったからなあ。ところで、佐藤さんはどっち系ですか。

佐藤　どっち系って言いますと。

――いや、同じ施設部の中でも、運用系と開発系のどっちのタイプかなと思って。

佐藤　ええと、本当は半々なんですけど、強いて言えば運用系ですかね。

――運用系っていうと、〝保守〟のほうのタイプなんですね。

佐藤　まあ、どちらかと言えばですけど。

――そうなると、開発系の何かを発明するタイプの人の中には、佐藤さんみたいに〝保守〟に軸をおいている人から見ると、不思議に思えるタイプの人がおられるんじゃないですか。さっき消火弾のことを聞いてそんなことを思ったんですがね。そういうものを発明する不思議な人……。

佐藤　不思議な人、います。

――やっぱり（笑）。その方は理数系の人ですか。

佐藤　はい、理数系です。施設部の上司なんですが、中学二年生のとき高校一年生から三年生までの数学の家庭教師をしていたという経歴の持ち主で。

――それはすごすぎる（笑）。

佐藤　いろいろなメーカーさんの研究所の見学にその上司に同行することがあるんですけど、あちらには工学博士の方などがいて、そういう人と二人で関数がどうだこうだって親密に話してますね、こう、自然に互角に話してるんです。そうするとそのあと、今度はその工学博士の方が、帝国ホテルの施設部へ話を聞きに来られるというような。

――で、その上司の方もいろんな発明をされたんですか。

佐藤　帝国ホテルの新機能は、ほとんどその上司が開発しましたね。たとえば家庭ではすでに一般的だった、浴槽の自動お湯張り。この機能をホテルに導入したのが二〇〇四年（平成十六）ですね。これを四分でたまるという速さで。家庭の場合はお湯張りでも、水を沸かしてお湯にして出すので時間がかかる。こちらはもともと湯を沸かしておりますので、五百七十部屋に一つの熱交換機を利用して、お湯と水をブレンドして、お客さまの指示する温度でザッとお湯をおくって、四分で浴槽にお湯がたまる。これでバスタブのあふれのトラブルがなくなって、水の使用量も減りました。

――二人で泊まったり三人で泊まっても、素早く次々と風呂に入れるわけだ。ふり返ってみると、ホテルの浴槽のお湯と水の栓をひねって待っている時間は、何となくあいまいでまだるっこい感じがあったですね。

佐藤　それから、手でも引ける電動カーテンとか。

――手でも引ける電動カーテン……ちょっと言語矛盾みたいですね（笑）。

佐藤　それに浴室のソープ皿。むかしからの石鹸箱は、水がたまるとベトベトになっちゃう。で、これを何とかしろと上司に言われて。

――で、「何とかしちゃった」（笑）。

佐藤　つまり、ソープ皿の石鹸に当たる部分を、丸味のある剣山みたいに、突起状にしたんですね。その点々上に置くと石鹸がすべらないし、皿の底につかないからベトベトもしない。それから、ユニットバスの中が調光できるようになっているシステム、これも帝国ホテルが最初です。

――それも上司から（笑）？

佐藤　そうです（笑）。「夜中にトイレに起きてあかりをつけたら、まぶしくて目が覚めちゃって眠れないじゃないか」と言われて、浴室の調光を。

――「何とかすればいいんですね」ですか（笑）。

佐藤　それにくねくね型の読書灯……数え上げたらきりがありませんね。

佐藤さんは、上司である人の思いもつかぬ発想に刺激されながら、開発されたものの〝保守〟にいそしむ業務をこなしている。このことは、運用と開発を合体させ施設部とした発想の、ひとつの根拠とも言えるのではなかろうか。

佐藤さんが、話のながれから「何しろ、一番がいいですね」という言葉を発したとき、私はつい首をかしげてしまった。帝国ホテルと〝一番〟は素直すぎる結びつきのように感じたし、〝一番〟から「一番では駄目なんですか」という〝仕分け〟の場面を連想してしまったからだった。だが、その〝一番〟が〝一番上〟のことではなく、〝一番最初〟という意味だと分かり、なるほどと思った。そこからは、ホテルがある意味で〝装置産業〟であることを自負し、ハード面から帝国ホテルを支えようとする施設部の、骨太で柔軟な気概を感じ取ることができた。

地下の受水槽やボイラー室、そして客室はもちろんのこと、あらゆるパブリックスペースから、従業員のスペースであるバックスペースの電球の交換にいたるまで、施設部は帝国ホテルにおいて、もっとも守備範囲の広いセクションだ。その守備範囲の〝保守〟がすべて整っていて何事も起こらないのが〝当たり前〟という、ハードでシビアな職場である。

佐藤さんは、〝運用〟に軸足をおきながら、〝開発〟から発する想像外のプランに刺激を感じつつ、外部からは見えぬところで遂行されている施設部の業務に、面白味とやりがいを感じているのではなかろうか、と私は思った。

そして、尊敬する上司を話の俎上《そじょう》に載せて語るとき、その表情にさらりとのぞかせる茶目っ気が目に残った。それにしても、佐藤さんにとっての自慢の上司たる方には、ぜひお目にかからねばならぬと思った。くねくね型の読書灯という佐藤さんの言葉が、なぜか私の耳に強く灼きついていたからである。

施設・情報システム担当役員　椎名行弥

数学の天才少年、ついに義理人情にいたる

施設部長の佐藤誠さんから、椎名行弥さんが中学二年のとき、高校一年から三年までの生徒の家庭教師をやっていた……と聞いたとき、実は対面することにいささか怖気づいた。ともかく私は中学二年生ですでに数学にギブアップし、試験科目に数学のない文学部への道を決めてしまったくらいであり、これまでの対人関係の中にも理数系の人はきわめて稀、つまりは数学のできる優等生を敬して遠ざけつつ生きてきた身だ。そんな私にとって、椎名さんのこのエピソードは凄味がありすぎるのだった。

ただ、度を越えると恐怖心が好奇心に逆転して、ここまでくれば自分などが怖気づいているレベルの相手ではないという気にさせられたりもする。部下の佐藤さんが語る椎名さんについての話には、私にそんなことを思わせる気配がたしかにあったのである。

私は、いくつもの表情を内側にくるんだような、泰然自若たる椎名さんの面立ちに接

したとき、その少年期のエピソードをあらためて聞いてみたいと思った。こういう人物はいったいどんな少年だったのか、どんな少年がこういう人物になっていったのか、そのあたりをまずは手がかりにしてみようという、私にしてみれば、これが藁《わら》にもすがる手立てだったのである。

椎名　私もともとおやじが国文の学者で、おまえ幼稚園行かないでいいよと。それで三歳から『徒然草』とか『大学之道』を正座で暗誦させられて。あんなの覚えられないですよね。

——まあ、そこまではうなずけます（笑）。

椎名　二つ上の姉さんが私が小学校に入るとき三年生で、その姉さんの算数の本見たら、面白いんですよ。これは算数って面白いやと。ゼロか百だと。五のところ八って書いたらバツですから、はっきりしていていいって。

——うーん、はっきりしているからいやだってのもありますけどね（笑）。

椎名　小学校卒業するまでに、姉さんの本で中学校三年分全部覚えたんですが、中一でちょっとケガをして留年して、その一年で今度は高校の数学も全部覚えて。中二になったらほかの課目は駄目ですけど、数学だけは一番だった。それが近所の人の噂になって広まって。

——家庭教師をやってくださいと……。

椎名　中二のとき高三まで教えてて。

——もうそのあたりは、ぜんぜんうなずけません（笑）。数学ができるというか、できすぎる中学生っていうのは、どんな遊びをするんですかね。

椎名　仲間と数学クラブつくって、たとえば日本に透明人間が一人いた場合には、日本の文化はどういうものだったのか、それを数学的に解いていくとか。人工衛星の理論はあったけど人工衛星そのものは飛ぶか飛ばないかという頃に、人工衛星の軌道計算したり。ふつうの算数やってもつまらないから、自分たちで問題つくって、それを何か月もかかって解くとか。

——不気味な少年たちだな（笑）。

椎名　中二、中三、高一までは家庭教師のアルバイト中心で。高二ぐらいから不良が噂になって、お客さん減っちゃったんですよ（笑）。

——お客さんってのもすごいけど、不良っていうとどんな不良だったんですか。

椎名　まあ、いろいろと（笑）。

椎名さんの、小学二年のときの趣味は、半田鏝《ごて》だったという。半田は、錫《すず》と鉛とを主成分とする合金で、金属の接合剤として用いるもので、半田鏝は半田付けなどに用いる種々の焼き鏝のことだ。実は私も小学生のころ、隣の家の軽金属会社づとめの人が半田鏝を使ってラジオを直しているのを見て、興味を抱いたことがあった。だが、椎名さんのその後の人生と半田鏝が深いつながりを結びつづけているのに対して、私と半田鏝との縁はそれっきりだった。

それはともかく、中学一年でカメラ、写真の現像、無線、バイク、車、オーディオ……と、長ずるにしたがって濃い趣味が連鎖してゆくのだが、それがすべて突きつめられて仕事につながっている。

しかし、そんな椎名さんが何ゆえに帝国ホテルとの縁を結んだかは、まだ何も見えてきていない。

椎名　入社の動機、これは不純なんですよね（笑）。私の代で工業専門学校が開設されて、私は工専だったんです。高校三年になればすぐに就職してもいいし、四年、の工専に行ってから就職してもいいし、進学してもいいと。で、高校三年になるときに、就職を斡旋しない場合は、学校へ来なくていいから進学の勉強をしなさいと。で、「進学」に丸したんですよ。ちょっと私、不良やっていたもので、学校行かないでいいならと。

——だから、どういう不良だったんですかと。

椎名　だから、まあいろいろと、と（笑）。そのあとの私の人生設計としては、飯田橋の理科大の応用数学に行って、四十ぐらいまで女子高の先生やって、四十過ぎたら学者（数学）やろうかなと思って。で、その理科大の入学金の三十万円を稼ぐために、アルバイトを探してたんです。一九六四年（昭和三十九）なので、十月に東京オリンピックがあって、東海道新幹線が通った。で、十一月に「帝国ホテル列車食堂部新幹線ウェイター四人、ウェイトレス十五人募集」の、ちっちゃい新聞広告が目に入ったんです。

——アルバイトの募集だったんですか。

椎名　男一人で女性四人（笑）。新幹線もただで乗れる。三か月アルバイトして金を貯めようって。実は、これがアルバイト募集ではなく正社員募集だったことがあとで分かったんですが、新幹線と女性四人というのに気をとられて、何となくアルバイト募集と思い込んでいたという（笑）。

男一人に女四人……このあたりに椎名さんの不良がかかわっていたかどうか。そう言えば椎名さんは四十ぐらいまで女子高の先生をやることも考えていた。〝女子高〟というのがミソなのだ。だが、そこを突っ込んでも「まあ、いろいろと」でかわされるにちがいない。だが、新幹線に乗れるという応募の動機は、私にも理解できた。新幹線開通のニュースは、当時それほどに衝撃的で新鮮だったのである。

ともかく椎名さんは、アルバイトの面接を受けるつもりで履歴書をもって帝国ホテルへやって来た。その履歴書を見た面接官に、「きみ、電気ができるなら施設部の電話の仕事やってくれ」と言われ、「いや、この広告見て、新幹線に乗りたくて応募したんで、ほかの仕事なんてけっこうです」と椎名さんはことわったという。にもかかわらず入社通知が来て、一九六五年三月に入社してしまう。

入社式の場で、椎名さんは上司にいきなり東館の電話の機械室へ連れて行かれた。そこにある機械の名さえわからぬ椎名さんはその人に、「何もわからないのに人の仕事にケチつけちゃ駄目だよ。わかるまで働け」と言われた。「ほかの仕事はけっこうです」という面接のときの言葉が、評判になっていたのだろうか。そしてそのまま椎名さんは、施設部に配属されてしまった。その上司は、椎名さんの言葉によれば「ゆくゆく施設部長になったたいへんな方」だというから、やはり椎名さんの隠れた才能を透視する眼力があったのだろう。

東京オリンピック、新幹線開通、帝国ホテル列車食堂部新幹線ウェイター募集の新聞広告……これらの事実が線となってつながり、椎名さんの帝国ホテルの従業員としての時間は、いわば帝王切開の逆児《さかご》状態で誕生したのだった。何はともあれ、新聞の中の小さい広告を偶然に目にしなかったら、椎名さんは帝国ホテルに存在していなかったのである。

そして、一九七〇年（昭和四十五）の本館がオープンするにさいして、客室の増加もあり、むかしながらのひもでやる電話交換機では無理だというので、その二年ほど前に当時の〝施設部のボス〟から、「ひものない交換機をつくれ。予算は二億、一円も超えるな」とだけ指示された。それ以外の言葉は何も言われなかったそうだ。入社五年目のことである。

当時は、かかってきた電話をそれぞれの部屋番号の穴に、手動でひもをさし込むやり方だった。ゲストからの「何時まで電話無用」「外出中」などの着信制限がある部屋は、木栓で穴をふさぎ、内容によって木栓の色を変えた。赤い木栓「赤もく」がさしてあれば、「赤もく」ファイルを見て、そこからメモを探し内容を伝える。

そのやり方から〝ひものない交換機〟への切り換えを、椎名さんは上司から指示されたのだった。

椎名　ひもがないっていうことは、単なるボタンですから、1201とたたけばつながってしまう。それで、やはり原点はこの〝有ひも〟の、人間が介在してやりくりしていたことを、どうやって機械に取り込んで、ミスのないようにするか。無ひも式に切り換えるにあたり、木栓なしで着信を制限するシステムを、いろいろ寝ないで考えたというか……寝て三十分ぐらいっていちばんいいんですよね。

――いちばんいいって、何にとってですか（笑）。

椎名　だいたい、寝始めて三十分ぐらいのところが、たえずものを考えていて、ぽっとひらめくので。

――じゃあ、その着信制限機能の開発も、寝て三十分ぐらいのところでぽっと（笑）。

椎名　電話交換機の着信制限機能もその一つで、これが一九八二年（昭和五十七）の手書きメモが画面に表示される〝着信メモ表示〟につながっていくんですが。日本にないものとか、この世にないものをつくったんですけど。一所懸命机で考えたって、ひらめきがないと出てこない。そんなことをずっと……交換機、コンピューター、建築も。

――そういうさまざまな発想の原点には何があるんですか。

椎名　私の設計の原点っていうのは、「怒られたこと」「困ったこと」「使いにくいこと」、この三つですね。私どもは裏方ですから、現場の人がお客さまに怒られないように、お客さまに言われたことがいかにスムーズにいくか。うまくいかなきゃ、怒られる、困る、使いにくい……これを徹底的にひろって。

だいたい、何もないところから何かを生み出すというよりも、まず怒られたことが原点。私も犬丸一郎社長とながかったもので、何だこれはとよく怒られるわけです。怒られたら何とかしようと……それが多いですね。一例は、手引きの電動式カーテンというのを、一九八六年（昭和六十一）三月に十六階のフロアに入れたんですが。

――佐藤施設部長が言っていた、〝手引きの電動式〟という言語矛盾みたいな発明ですね（笑）。

椎名　これも原点は一九八三年（昭和五十八）にオープンしたタワー館に電動カーテン

を入れたんですけども、モーターも一つだったので手では動かせない。スイッチを押すと、両方が開いたり全部閉まったり。それで本館の改修をやるときに当時副社長だった犬丸一郎のところに行ったら、「おまえ、またあの使いにくい電動カーテン使うのか」と。「ボタン押せば開くのに、なんで使いにくいんですか」「おまえ、あれ片側だけ開けようとしても駄目じゃないか、片側だけカーテン開けたいときがあるんだ。こっち半分はビルがあって見られちゃうから閉めて、こっち半分は開けて明るくしておきたいときが」「そういうのがあればいいんですか」「そういうのがあるのか」「これから考えます」と（笑）。

それで一年ぐらい考えて、あるカーテンレール屋さんと共同で開発して、いまだにそれを使ってます。電動式だけど手でも引ける、片側だけでも閉められる、開けられる。それが一九八六年ですから、もう二十五年、延々とバージョンアップしながらつづけてます。

――手引きの電動カーテンの謎が、ようやく氷解しました。それに、ひとつのものをつくってそれにバージョンアップを加えつづけて、究極の改良品をつくっていく姿勢が大事なんですね。

椎名　新しいものを考えると、新しい問題が三つ起きるんだから、その三つも解決しないと若い人にも言うんですけど、それをずっと実践してやってきた。ですからやっぱり、使いにくいこと、困ったことが何か引っかかって、新しいものが生まれていくんですね。

――えーと、くねくね型読書灯というのは……。

椎名　今から十七年くらい前、信号でとまっていた高級車プレジデントの後部座席のえらい人かこわい人が、車についたライトで本を読んでいた。

――それを外から見た？

椎名　もちろん、私プレジデントなんて高級車乗れないですから（笑）。外から見て、あれいいなと思って。当時はまだ明るい白色が出るＬＥＤがなかったので、自動車のヘッドライトの球を組み込んでつくった読書灯、それが第一号です。第二号は光ファイバーで何とかしようと。で、当時もまだＬＥＤの明るいのがなかったので、下にハロゲンランプ（アルゴンなどの不活性ガスと沃素・臭素などのハロゲン族元素のガスを封入した電灯……と辞書の説明を読んだところで私には何も理解できないが、要するに非常灯、航空照明、自動車のヘッドライト、加熱調理などに利用するものであるらしい＝村松）を置いて、ＰＬ法（製造物責任法）に六十度以上を禁じる規定があるので、光源をテーブルの下に設置してそこから光ファイバーでと……これだとぜんぜん熱くない、ＰＬ法はクリアできる。

――で、これもやっぱり三年ぐらいかかりましたね。

椎名　私が慈恵医大で胃カメラ飲んで。

――まさかそこから（笑）。くねくね型読書灯にはどんなふうにして？

椎名　胃カメラ抜いたら光が当たっているから、先生に「これ、光源どこ?」「こっちにあるよ」と。先生の指さすところを苦しい思いをして横目で見て。

——高級車と胃カメラが読書灯をつくったわけか(笑)。

椎名　帝国ホテルはLEDの使用は古くて、一九七七年(昭和五十二)の九月一日に上高地帝国ホテルをオープンしたとき、表示機はLEDを入れました。一九八三年のタワー館オープンのときは、表示はすべてフィラメントの球からLEDに換えて、客室は二〇〇三年からフットライトと読書灯にLEDを。当時、日本にまだ明るいのがなかったので、ロサンゼルスのベンチャーから引っ張ってきて、それでつくった。

その後、宴会場のパブリックエリアの白熱電球をLEDに換えました。二〇〇七年、日経産業新聞に、帝国ホテルと東芝ライテック共同開発という記事が出ましたが、あれが商品化の第一号です。

——あるものとあるものを組み合わせて何かをつくるわけですね。でも、そこに商品化という意欲がからんでもおかしくないユニークな製品がいくつも誕生するわけですよね。

椎名　私たちはメーカーじゃないので、そのとき手に入るもので新しいものをつくらないと。電話交換機みたいに、私たちが知恵を出して、こういう仕組みのものがホテルには必要なんだと説明して、先方さんにつくっていただきます。

くねくね型の読書灯も、下と上はメーカーが別なんです。当時、一社ではできなかった。下のほうはあるメーカーさんで、上のほうは光ファイバーに強い会社で、設計図はうちでかいて、合体させて……そういう時代でした。

――べつに企業やメーカーじゃないから、そのやり方を先駆けとして実現すればいいという考え方なんですね。

椎名　私が入社したときの犬丸徹三社長というのが、バイキングとかサービス料とかいろんなものを発案したのが、全世界に広まっていきました。そういうかたちでのリーディングカンパニーになればいいという精神が、帝国ホテルの根本にありますから。

――バイキングという呼称が帝国ホテル発だというのは、何かで読みました。北欧のスカンディナヴィア式のスタイルで、たくさんの料理を卓上にならべて、各自がとって食べるスタイルのスモーガスボードを、〝バイキング〟と名づけたと。

椎名　犬丸徹三社長の発想ですね。

――バイキングの攻撃性、行動性、掠奪性のイメージを、好きなものを好きなだけとるというテーブル料理のスタイルとかさねたのは、犬丸徹三社長のしたたかなセンスですね。奥ゆかしい日本人には、たしかに新鮮なスタイルだったでしょう、しかも帝国ホテルで。これも、まったく新しいスタイルをつくるというのではなく、北欧のスタイルをバイキングと名づけたところが原点となっているわけですね。

椎名　私が電話の技術屋として機械室にいたころ、ダイヤルのない電話機をダイヤルの電話に取り換えるために、藤原義江先生の部屋へうかがったんです。それで、「これまでは受話機をとるとオペレーターが出て、目的を告げていただく方式だったのが、9番を回すと外線にも発信し、0番を回すとオペレーターが出る方式になりました」とご説明したんです。そうしたら「きみ、ちょっと待ちなさい」と。「犬丸徹三くんは、大阪万博のように進歩と調和で帝国ホテルを設計したと聞いているけど、何だこれは」と。「いままでは受話器を上げれば声がした」と。

――今度は、自分でダイヤルを回さなきゃならないじゃないか（笑）。

椎名　「進歩していない」と。それですぐ機械室にもどって、ダイヤルがついているけど持ち上げたらオペレーターが出る回路をつくって。藤原クラスと呼んだんですけど（笑）。

――帝国ホテル暮しの藤原義江さんとはいえ、電話機に自分のスタイルを残したとは知りませんでした。

椎名　またあるとき、客室のインテリアをデザインして、犬丸一郎社長にこと細かく説明したんです。犬丸一郎社長は黙って聞いていたんですけど、説明を聞き終わると「おれはいいよ、きみの説明聞けるから」と。「おまえ、明日からチェックインのところに立って、お客さま一人ずつに全部説明するのか」と。「インテリアなんて、説明が要らないものを考えろ」と怒られたことがありました。

――それも椎名さんのエネルギー源になるってわけですね。犬丸一郎社長は内部の人でありながら、はじめて来た人の立場に立ってその人がどう感じるかを考える。その想像力ってすごいですね。

椎名　インテリアっていうのは十人十色で、どんないいものでも嫌いな人もいるし、好きな人もいる。なかなかむずかしいジャンルだと思います。

――それにしても、椎名さんは上司やらお客からのそういう要望を満たすものをつくるお仕事なわけですが、いままでうかがったような多種多様なジャンルを、どうやって学んだんですか。まあ、数学力が並はずれていらっしゃるのは大前提としてですね（笑）。

椎名　私、会社に入って勉強したことないんですよ。趣味が全部仕事。学校で勉強したことは、いっさい仕事には使ってないです。学校では、電気は電気でも発電所、送電線とかダムだとかそっちをやっていたんです。そこへいきなり電話をやれと言われて交換機覚えてってことで。で、二十四歳くらいのとき、これからコンピューターの時代がくると。そこでＮＨＫの教育テレビで、水曜日の六時から三十分……けっこうたいへんなんですよ、録画機がない時代だったから。「フォートラン」(formula translator のことで、コンピューターのプログラム言語の一種だというが、例によって私にはチンプンカンプン＝村松）というタイトルの番組で自己流に勉強して。ですから、いまやってる仕事は全部自己流の勉強です。だいたい、ホテルにコンピューター、交換機、建築やりたくて入ってくる人いないですよね。フロントマンとか営業マンとか接客とか……そういう部門を求めて入る人が多いですから。

──理数系は少ないでしょうからね。

椎名　一九七八年（昭和五十三）に電算委員会といって、それまで手作業だったものへ、コンピューターを導入するための組織をつくるため、各現場から八名集めた。みんなの第一声は「私ら数学嫌いだからホテルに入ったのに、何ですかこれは」。そういう人たちを教えて、いまコンピューターがうごいているわけです。

建築もそうです。帝国ホテル大阪のとき集めたのは建築に関しては全員素人。宴会係、宴会のボーイ、レストランのウェイター、客室のハウスキーピングの人、交換台の人……そういう人を教えて、一軒建てちゃったんですから。

──建築の素人集団で、一軒建てちゃった（笑）。そこには、すべてを自力でこなそうとする帝国ホテルの精神もあらわれているように思えますね。

椎名　私も二十八歳のとき企画室にいたんですが、そこには企画室長が一人、人事からきた人と会計からきた人と私でしたから。その企画室長が取締役会からもどってきて、上高地帝国ホテルの建て替えが決まったと言ってから、人事、会計、施設、人事、会計、施設……とぶつぶつ呟きながら、私の席のうしろを行ったり来たりしている。で、「人事、会計より施設出のほうができるだろう……はい、上高地担当！」と私に。そのとき私は建築のケの字も知らない。そこから建築勉強して……勉強っていっても本じゃないんです、現場を見に行って。

──その企画室長も、すごい人ですね（笑）。

椎名　その上高地帝国ホテルをやっている最中の十二月三十日ぐらいに、企画室長に「ちょっと、夕方来い」と。で、夕方行ったら「正月明けるまでに、本館のうしろ壊したらどんな建物が建つかかいておけ」と言われたのが三十のとき。

——当時あった別館と東館という別々な建物を壊して、そこに建てる次の建物の設計図をつくっておけと言われたわけですね。しかも、十二月三十日から一月三日という期間切りで（笑）。

椎名　そのときは、ショップとオフィスだけの使用目的という予定だったんです。図面かいていくうちに、やっぱりホテルも必要だということになって、けっきょくホテルを上に載せちゃえ、ビューもいいしと（笑）。それで上のホテル部分だけをT字型にしました。

タワー館は、日本ではじめての構造が途中で変わるという建物なんですよ。超高層で有名な霞ヶ関ビルや浜松町の貿易センタービルは、四角いかたちのまま上にのびている。ところが、帝国ホテルのタワー館は、途中までがオフィスとショップで上がホテルだったので、下のほうが四角で上のほうがT字型になってくる。超高層でこういう構造っていうのは、日本で第一号なんです。いま、外資系のホテルのほとんどが上がホテル、下がオフィスという構造で、こういう複合建築構造としても第一号。

——それにしても、無理な指示を次々とこなしていく痛快な場面の連続みたいですが、失敗というものがないことはなかったんでしょ。

椎名　もちろんです（笑）。今年で帝国ホテルに入って四十六年目になりましたけど、本当なら三回ぐらいこれ（首をちょん切る仕種）になっている（笑）。ずいぶんいろんな失敗もあって、その時どきに助けてくれる人がいるんですね。これ、組織の中では大事ですね。大きな失敗何個もやってるんですよ。誰かが助けてくれて生き残ったんですよね。

椎名さんが取得している免許証の多岐にわたるありさまは尋常ではない。あらゆることに手を出すし、手を出した以上はとことんきわめる。十四歳のときの誕生日にオートバイ、十六歳で自動二輪と当時あった軽四、十八歳のときに教習所へは通わずに普通車、船と飛行機にまで食指をのばした。

飛行機は、ハワイの学校に入学して、六時間で単独飛行ができるようになった。だが、日本の航空法によれば、一時間飛ぶのに一週間はかかる手続を要するので、まだるっこしいと免許取得をあきらめた。で、ホコ先を変えて一級小型船舶操縦士の免許をとったという。

いまは、自転車に乗っているというが、これだってもちろん尋常じゃない。世界中のカタログですべての部品をそろえ、ホイールはイタリアのカンパニョーロ、カーボンのハンドルはアメリカの何、フレームはスイスのカーボンナノチューブの古いの……てなぐあいだ。車体の重量十キロからはじめて現在六・八キロ、これを一キロ減らすのに五十万……さてどうするという世界なのだ。自転車はいま六台目だが、ある自転車屋へ行って少し話をしただけで、「お客さんは、七台までいきますよ」と言われたという。

このように、「あらゆることに手を出し、手を出した以上はとことんきわめる」という椎名さん流の趣味は、もちろん仕事にもつながってゆく。「写真をやっているからインテリアのパースもかけちゃうんですよ」という言葉に首をかしげると、「写真って遠近法ですから」と簡単に言われて、私はまた首をかしげるというあんばいだ。さらに椎名さんは、写真をやっているから、宴会場の調光、音響もすべて自分が設計しているとつけ加えた。〝写真をやっているから〟ではなく、〝椎名さんが写真をやっているから〟でしょう。こんな範例を一般化されてはたまらないのである。

椎名　私が二十七歳のとき企画室に引っ張ってくれた、本館改修を担当した企画室長で山野壽雄っていう人がいたんです。その人が「二十代はがむしゃらに生きろ、三十代は選んで生きろ、四十代は図々しく生きろ」と言って、四十四歳で亡くなっちゃったんで、その先の生き方を聞いていない。それで自分で考えて「五十代はこだわりと好奇心で生きましょう」と。ですから、遊びの免許は五十代で相当とりました。船の免許からアマチュア無線から……そうだ、私アマチュア無線もやってるんですよ。

――いいかげんにしてください（笑）。

椎名　私は五十代で死ぬと思っていたので、貯金する必要はない。もうインカム（収入）は全部使っちまえと。いまだに貯金ゼロなんです（笑）。で、六十五まで生き残っちゃったので、「六十代は義理と人情で生きようと」。

――お、にわかに一般人に接近してきたじゃないですか（笑）。

椎名　いま、義理と人情。

――そういうふうに六十代の生き方を定めてみて、見えてくるものっていうのもあるんですか。

椎名　建築にしても、交換機にしても、コンピューターにしても、決して一人でできることじゃないので、いかに輪をつくってやっていくかと。たとえば若い人は好奇心がないって言って、ふつうはそこで終っちゃうんですよ。そういう若い人に好奇心を植えつけるようにうごいて、輪をつくっていかなければ。

――その輪の軸に椎名さんみたいな特殊な人が存在しないと始まらないんでしょうけど、現場ではやはりいろいろな人とかかわってする仕事ですからね。その時どきに、椎名さんを助けてくれた恩人もいるし……ということですか。

椎名　それと、帝国ホテルという冠が大きいんですよ。ミヤハラって名前を四十年使っていまは椎名ですけど、ミヤハラって名前じゃ会ってくれない人も、帝国ホテルって冠がついているんで会ってくれる。これ、大きいです。宝ですよね。

――そのミヤハラさんが、どうして椎名さんに？

椎名　会社に入ったときは椎名っていう本名なんです。入社が椎名、途中四十年ミヤハラ使って、事情があってまた椎名。業界で椎名って言っても分からないけど、ミヤハラっていう名前は知ってるはずです。だから名刺出すときに、「すみません、長年リノベーション（修理・修繕）やってたんで、名前もリノベーションしました」って（笑）。

――その苗字の変遷についておたずねしても、「いや、ちょっといろいろ」というところなんでしょうね。

椎名　まあ、そんなところで（笑）。

――あれ、その手首……どうしたんですか。火ぶくれしたみたいに、白くなってますが。

椎名　あ、これ。毎週日曜日にヘリコプターを練習に行ってるんです、いま模型のヘリコプター飛ばしに凝ってまして。日陰でできないから炎天下で、ずっとこう両手で送信機を操縦していたらやけどしちゃって。やってるさなかぜんぜん気づかないで、帰って風呂に入ったら痛いんで、見たら火ぶくれになっていて。

――駄目だこりゃ（笑）。

椎名さんは、〝四十六年間裏方ひとすじ〟という言葉で、自分をくくって話をはじめた。その表現の仕方が、ぐるりぐるりと回り巡って〝義理と人情〟という六十代の生き方の目安とかさなったようだった。

ただ、いきなり指示を下す上司の件や、犬丸一郎社長に怒られた場面、メーカーとちがうリーディングカンパニーとしての帝国ホテルの根本精神、四十四歳で亡くなられたという企画室長が残した年代別の〝生き方〟の指針などについて語るとき、椎名さんの表情からは、〝人間味〟が強く伝わってきた。

数学の天才少年が不良の色をおび、やがて運命のいたずらのごとく帝国ホテルに入社し、さまざまな人との出会いによって、その〝人間味〟は磨かれ練られていったのだろう。当初、未知の機械装置をのぞく気分であった私に、そんな〝人間味〟のBGMにいざなわれて、椎名行弥世界の一端に触れたような感覚が残っている。

椎名さんの言う〝義理と人情〟という言葉の奥を、顕微鏡と望遠鏡を通して見るならば、私には理解不能の微細な模様がちりばめられていることだろう。それは今回、私に対して分かりやすい領域を選び、分かりやすい言葉によって語ってくれた話しぶりからも、漠然とではあるが感じ取ることができた。

理数系の先生と対面していたつもりだったのが、いつの間にやら居酒屋で偶然に出会った、大人の懐の深さと子供心を合わせもつ、三つ四つ年下の妙な男と気分のいい酒を飲んだという、自分勝手な妄想をもてあそんでいるのだから、とうてい数学と私とは無縁のよこばいだ。そしてあげくの果てに、世の中にこんな男が一人でも存在してよかったなと、私の中の文科系的反響板が、これはまたけっこう手応えのある音色をひびかせたものだった。

この音色は、外側からあるいは表面からのみ帝国ホテルを見ていた私に対する、ハード部分の伝統からの親切な信号でもあったのではなかろうか。ソフト面だけを体感していた私に、帝国ホテルのハード部分の底知れぬ実力と魅力は、理数系と文科系がクロスオーバーする境地を示してくれた。それこそが、百二十年の伝統がかもし出す香りであり、和魂洋才が現代にもたらした、比類ない成果であるにちがいないのである。

あとがき

私がなぜ帝国ホテルをテーマとした本を書くなどという、大胆すぎる仕事を手がけるにいたったかについての遠因を語るには、十数年前のある酒場の場面にさかのぼらなければならない。

その夜、私は友人に銀座の一角にある小さなバーに連れて行かれ、カウンターでハイボールなどを飲んでいた。そして、ふとした話のきっかけで、友人の隣にいた常連客らしい人を、帝国ホテルの宿泊部長のKさんだと店の人に紹介された。帝国ホテルのオールドインペリアルバーへ時おり行くくらいであった私は、そのバーのカウンターに、上からのスポット照明でつくられる光の輪について、かるい気持でたずねてみた。

光の輪は、酒器を置くためにそこにしつらえられた趣きある盆のようにも映るのだが、あるとき私は、最初に注文された酒のグラスを、バーテンダーがかならず客から見て光の輪の右手前におくことに気づいた。決して真ん中ではなく、光の輪から外れた影の部分でもないという微妙な位置に、グラスが置かれるのだった。光と影のあわいのごとき場所、とでもいった感じなのだ。

「まずはニュートラルな位置におくっていうことなんでしょうか」

そう言ってみると、Kさんの表情がかすかに緊張し、

「今度しらべてご報告いたします」

と言った。Kさんは不意の質問にとまどったようでもあったが、帝国ホテルの社員という立場上、正確な答えを出さねばならぬというので、酒の上の話としてかるくやり過ごすことができなかったのだろう。私は、Kさんの酔い心地に水をさしたようで申し訳ないと思ったが、やがて親切にもオールドインペリアルバーでたしかめたという正解を、Kさんから伝えられた。

まずはニュートラル、というのはとりあえず当たっていたようだった。客は、光の輪の右手前に出されたグラスを口へもっていったあと、そのグラスを無意識に、光の輪の中の好みの位置へ置くものであるらしい。それとなくその位置を見定めたバーテンダーは、二杯目からのグラスを客の好みの位置へ置くようになる。好みの位置は、それぞれの客によって光の輪の真ん中、右手前端、左手前端、中央手前、中央奥、左奥、右奥とさまざまだ。

最初からバーテンダーが、グラスを置く位置を決めるのでないことも、客の好みの位置をさりげなくチェックするあたりも、ホテルのバーテンダーらしいスタイルだと思った。帝国ホテルのメインバーにふさわしい、言葉によらぬ判じ物的な酒の場の遊びでもあり、美学でもあり、ダンディズムでもあると感服もしたものだった。

このKさんとの巷での出会いが、私にとって具体的な人を介した帝国ホテルとの唯一

の縁となった。その後、Kさんとはしばしば酒の場を共にするいわば呑み友だちみたいになっていったが、周期ごとにKさんの名刺の肩書が変わっていった。そして二〇〇四年四月二十三日から、その名刺の肩書が「代表取締役社長」となった。これで呑む機会が少なくなったな……というのが私のこの肩書への第一の反応だった。そのKさんが二年ほど前、二〇一〇年に帝国ホテルは百二十周年を迎えるのだと、私に向かってぽそりと呟いた。そのとき私はかるくうなずいただけだったが、軀《からだ》の奥底で妙なシグナルを受け止めたのはたしかだった。そのシグナルの矢印の指し示す方向に、何かがあることをどこかで感じとっていたのかもしれなかった。

思い返せば、今回の作品にはさまざまな現場の仕事人が登場するが、その第一号が小さな酒場でお目にかかった、入社して配属された客室課でトイレ掃除のプロを目指したという、宿泊部長のKさんだった。その縁が、帝国ホテルなどという巨大なテーマを書くにあたっての、覚悟の引き金となったのはたしかだった。そして、「まえがき」に書いたようなストラグルのあげく、今回の仕事がスタートしたというわけである。

そして、帝国ホテルの現場における仕事人を覗き穴として、帝国ホテルの〝不思議〟を炙り出そうという私の目論みは、我田引水ながら見事に的中したと自負している。それは、現場で取材させていただいた方々の人間的な魅力や、仕事内容の想像を絶する幅と奥行きが、そこへみちびいてくれたことを、書き終えてあらためてかみしめさせられたゆえの思いである。

取材対象の人選の相談に始まり、事前の取材、現場でのフォロー、取材後の再確認にいたるまで、編集者体験のある私が驚嘆するほどの、的確で歯切れのよい行動力をもって牽引してくれた帝国ホテル広報課の松原由紀さんの尽力なくしては、今回の仕事はこなし切れなかっただろう。松原さんは、この本に登場していないが、あきらかに三十一人目の心強くも重要なる仕事人だった。

また、広報課長の小松崎宇弘さんには、松原さんのバックアップ的役割として、取材やインタビューの道筋をつけていただき、そのおかげで私は大舟に乗った気分で未知の現場へ足を踏み入れることができた。さらに、単行本の全体的イメージの相談相手でもあり、取材現場にも立ち会いつつ、最終的には膨大で複雑となった作業を、平然とクリアしてくれた日本経済新聞出版社の苅山泰幸さんのセンスには、脱帽である。この三人の連繋によって成立した今回の仕事で、私はチームワークの力を快感をもって存分に味わわせていただいた。

ところで、Kさんこと帝国ホテル代表取締役小林哲也社長、久しぶりに、巷の呑み友だちとして一杯、という頃合いではありますまいか。

二〇一〇年九月

村松友視

文庫版のためのあとがき

あれから三年が経過したことになる……日本経済新聞出版社から二〇一〇年十一月に発刊された『帝国ホテルの不思議』が、今回、装いを新たに文春文庫として世に出されるにいたるまでの時の経過を、いま感慨深く受け止めている。

京都の老舗旅館「俵屋」をテーマとした拙著『俵屋の不思議』が発刊されたのは一九九九年四月のことだったが、この作品が『帝国ホテルの不思議』を書くについての私の物腰のベースになっている。この作品は〝奇妙〟という言葉を好んで用いていた私が、〝不思議〟をキーワードとするアングルにシフトチェンジするきっかけでもあった。

京都の老舗旅館などに縁をもつ旅人などではなく、京都という街自体にプレッシャーをおぼえる身が、どのような視座で奥深い「俵屋」の世界に爪をかけたらよいのか。それを思案するなかで、そんな自分の等身大の寸法を自明のこととして、このテーマに取り組むしかないという結論にいたった。

とはいうものの、単なる徒手空拳で体当りしたところで活路が見えるはずもない。そこで、自分のなかにこだわりとして生きている職人への興味、好奇心をせめてもの武器として、この難テーマに挑むことにした。そして、「俵屋」に出入りする〝洗い屋〟である野口米次郎さんという職人と出会うことができた。高野槇《こうやまき》の風呂を洗う過程で硫酸の溶液を用いるというのだが、その溶液の調合のかげんを舌で舐めて計る、これが父親から教わった方法だという野口さんの鬼気迫る話を聞き、自分の宝は〝舌《べろ》〟だという職人魂あふるるセリフに接して度肝を抜かれるとともに、職人を覗き穴にしてこの宇宙をながめようという自分の方法論に手応えをおぼえたものだった。

聞けば聞くほど職人の世界は不思議であり、その不思議の奥にはさらなる不思議が隠れ込んでいる。目の前にいる職人の話によって、その不思議の扉が次々と開かれてゆく……私は、その不思議の扉のなかに心地よく迷い込んでいった。そうやって『俵屋の不思議』を書き終えたあと、京都や老舗旅館などから意味もなく受けつづけていた圧迫感が、嘘のように引き抜かれていることに気づいた。これもまた、不思議な顚末と言ってよかった。

その体験の中で私は、〝和〟の不思議さを実感として与えられたのだった。

それから十年ほどの歳月がたち、当時の帝国ホテル社長であった小林哲也さんに、『帝国ホテルの不思議』というタイトルの本を書いてほしいと依頼された。原本の「あとがき」でも書いたが、小林さんとはもともと巷《ちまた》の酒場のカウンターで、偶然に隣に陣取ることになった相手同士だった。その頃は宿泊部長であった小林さんが、何年かのちに社長となったのだが、これもまた不思議なサイド・ストーリーだった。そしてあると き、私が書いた『俵屋の不思議』を読んだらしい小林さんから、帝国ホテル開業百二十周年時に発刊する『帝国ホテルの不思議』というタイトルの本を書下してほしいと、おもむろに切り出されたのだった。出版社は日本経済新聞出版社であり、タイトルも締切もそして作者が私であることなども、すべて前提とした強引な依頼だった。そして私は、小林さんとの不思議な因縁や、不思議＝私という結びつきのひとり歩きに背中を押され、『帝国ホテルの不思議』の執筆を、すんなりと引き受けてしまっていた。

ただ、『俵屋の不思議』は世界文化社で発行している『家庭画報』の連載で、しかも手だれの担当編集者のしたたかなリードによって成り立った作品だった。しかし、『帝国ホテルの不思議』は書下し作品としての依頼であり、これは私にとって大いなる不安材料だった。私はすでに、この作品を書くにあたっても職人を覗き穴にしようという計画を立ててはいたものの、帝国ホテルにおける職人という世界は、ぼんやりとしたけしきとしてしかとらえられなかった。

ところが、小林さんは当時広報課に所属していた松原由紀さんという、極め付のガイド役を私につけてくれた。松原さんは、打合せの話合いから、即座に私の意図のど真ん中を解読し、密偵や隠密のごとき素早く適確で冷静な行動力によって、〝洋の不思議〟とも言うべき帝国ホテルの世界へと私をみちびいてくれた。社長たる小林さんも松原さんに全幅の信頼をよせ仕事をまかせていたせいで、私は松原さんとのひそかなる共犯意識のごとき連繫によって、帝国ホテルへ通っては従業員の人たちに会う仕事を、充実感を味わいつつこなすことができた。

先述したように、私は京都という街の雰囲気からもプレッシャーを受けるくらいであり、伝統的な『帝国ホテル』のなかで悠然たる態度を保つことなど、とうていこなしきれぬ類の者なのだ。そんな私が、総料理長たる田中健一郎さんの話に肩をほぐされ、帝国ホテルという空間への無用の力みを消すことができた。これもまた、私の性格を看破し、早い機会に田中さんに会わせてくれた、松原さんの考えぬいた作戦の結果だったにちがいない。

ところで、〝和〟と〝洋〟というちがいもあるが、旅館とホテルの大きな相違点は、入口から入る者をチェックする旅館と、客室の前までは街の延長というホテルのありかたではなかろうか。旅館では、入口に宿泊客を守るシステムが設けられていて、通りがかりの者が建物内に入ることをチェックするシステムがある。

ホテルにはフロントがあるが、通りがかりの人が館内へ入るのをそこでチェックする役目をおびた場所ではない。ホテル内には、レストラン、コーヒー・コーナ、バー、ショッピングアーケードなどがあり、入って来た人が入口から入ってどこへ行くのを目的としているのかは分からないのだ。フロントは、誰かが用件を求めればそれに対応するものの、あくまで受け身の立場をつらぬいている。

ロビーには、何層ものチェック機能がほどこされているが、それは何事かが生じたときに発揮されるのであって、ロビーの客たちに、余計な緊張感を与えることはない。

このちがいが、客に対しての旅館のあたたかい守りに対して、ホテルのクールな守りというスタイルを生んでいる。そのちがいがそれぞれの肌合い、魅力の軸となっているにちがいない。ただ、「俵屋」には〝極上の放ったらかし〟といったクールさもあり、押しつけがましい無用のあたたかさをほどこすことはない。薄明りの廊下にそれとなくしつらえられた挿花、手洗所に置かれる工夫にみちた石鹼など、気がつけば感じられるが気がつかなければそれでよいといったような、判じ物的なしつらえがある。このさりげない気遣いが、旅館のなかに不思議なクールさを生んでいるのだ。

一方、帝国ホテルのエレベーターのなかには、目立たぬ生花の一輪挿しがあり、これはエレベーターへと誘導をするスターターのしつらえなのだが、気づく客も気づかぬ客もあることだろう。これは、クールのなかに日本人らしい不思議なあたたかさを生んでいるケースだ。

帝国ホテルのドアマンが、一万円札しか持ち合わせぬ客と釣銭に困るタクシーの運転手のために、つねに五千円札と千円札をポケットに用意しているのも、クールな空間であるホテルにおける、無駄を承知の日本人らしいあたたかさということになるだろう。

こうやって引きくらべてみれば、極上の旅館にも極上のホテルにもクールさとあたたかさが溶け合った、日本人らしい気遣い、しつらえを見出すことができるような気がする。気がつけばよし、気がつかねばそれもよし……それが、日本人に特有の伝統的もてなしの流儀ではなかろうか。私は帝国ホテルへ足を向けても、オールドインペリアルバーにちょこちょこ顔を出す域をいまだに出ないが、カウンターで二、三杯飲んで席を立つまでに、私の目がとらえきれぬ気遣い、気配りがカウンターの内側で無数にはたらいているのはあきらかなのだ。

九百三十一室の客室があり、レストラン、バーが十以上、宴会場が三十近くある規模のホテルということになると、世界中にあまり見当らない……これが総支配人・定保英弥さんの言葉による帝国ホテルの輪郭なのだが、そこにこそ従業員の矜持の軸があるにちがいない。そして、そのような大規模なホテルであるにもかかわらず、百室くらいのホテルの居心地を感じてもらうようなサービスを心がけようというのが、かつての犬丸一郎社長の言葉だという。その継承もまた、きわめて日本人らしいサービスということになるのではなかろうか。ここまでくると、〝和〟と〝洋〟あるいは〝ホット〟と〝クール〟という境界線が、ごく自然に滲んでいく不思議を感じるのである。

私は、取材をするという特権的な立場から、こうやって帝国ホテルに顕在し、あるいは潜在しているエキスと出会いつづけたあげく、ついに施設・情報システム担当役員たる椎名行弥さんに行きついた。これもまた、松原由紀さんの戦略的ガイドのおかげだった。椎名さんという数学の天才少年であった人が、やがて新幹線に乗りたいがために帝国ホテルに就職し、帝国ホテルに〝内蔵される秘密兵器〟たる役をこなし、さらに義理人情にいたる顚末は、ぜひとも本文をお読みいただきたい。

さて、『帝国ホテルの不思議』の登場人物の人々において、原本からこの文庫版にいたる歳月の中での変化がいくつかあった。

代表取締役社長の小林哲也氏が代表取締役会長に、総支配人定保英弥氏が代表取締役社長に、ベルマン二宮修平氏が宿泊部客室予約課に、ロビーマネジャー平久氏が宿泊部フロント課のゲストサービス、ベルマンに、オールドインペリアルバー早津明人氏がゴールデンライオン支配人に、インペリアルラウンジアクア勝又康浩氏が㈱帝国ホテルエンタープライズ、水海道ゴルフクラブに、ルームサービス矢崎昌伸氏が帝国ホテル大阪レ セゾン支配人に、ブッチャー古澤忠氏が調理部宴会調理課スーシェフに、婚礼クラーク細田晴江さんが営業部販売企画課にシフトチェンジされ、施設・情報システム担当役員椎名行弥氏は顧問となられた。また、デューティマネジャー菅野和俊氏が退社、ソムリエ佐藤隆正氏が退社、ベーカリー金林達郎氏が退職、ペストリー中村杏子さんが休職。そして、執筆時に広報課に属し私の〝共犯者〟役をこなしてくれた松原由紀さんが不動産事業部SC運営企画課に、松原さんの後ろ楯役を担ってくれた小松崎宇弘氏が上高地帝国ホテル副総支配人に異動されている。

そして、今回の文春文庫化を認めてくださった日本経済新聞出版社、また文庫化にあたって尽力してくださった文藝春秋文庫局長・羽鳥好之さん、担当編集者・長久保亮さんのご尽力にここで御礼を申し上げたい。

また、帝国ホテルと深いご縁を持たれる平岩弓枝さんに、お忙しいのを承知の上でぜひ解説をおねがいしたいと、駄目もとで申し出たのは私であります。それが実現してうれしいかぎりです。勝手なおねがいを叶えていただき、しかも貴重な体験をもとにした帝国ホテルのけしきをつけ加えていただいて、本当に感謝しております。
ところで、出会った頃の宿泊部長であり、原本の執筆時には帝国ホテル社長であった小林哲也さんが代表取締役会長となって少しは時間が取れるようになられたのでは？　そろそろ巷のカウンターで、宿泊部長当時の思い出を肴に一献、という季節の到来ではありますまいか。

村松友視

二〇一三年十月

帝国ホテルの思い出

平岩弓枝

忘れもしない。一昨年の三月の地震の際、私は築地の友人宅に居た。開催日の近づいている友人のリサイタルに私の作品が上演されることになっていた故で、その打ち合せで音響を担当されていた本間明さんと、リサイタルの主催者である西川左近さんを中心に、ああだ、こうだとやっている最中にぐらぐらっと来た。左近さんのお宅は耐震建築なので、正直の所、大きい地震だとは思ったものの、さほどには思わず、「天むす」のお弁当を頂いて帰途についた。外に出てから判ったのは地下鉄が動かないということで、いつもなら容易に拾えるタクシーが来ない。稀に走っているのは空車ではなかった。突立っていても仕方がないので帰る道順に従って歩き出した。

銀座まで行けばと思ったのが誤算で遂に日比谷まで来た。帝国ホテルの建物が見えて来て、ほっとして入った。

生まれも育ちも東京なので東京のホテルに宿泊する必要はなかったが、いくつかのホテルには食事や買い物によく利用していた。

帝国ホテルは劇場に近く、芝居の脚本を書いたり、演出をしていた時分にはスタッフと食事やお茶に便利重宝させてもらっていた。更にいえば、私の父は幕臣の子孫で一族が祝儀、不祝儀を問わず、よく集って会食をする習慣があった。その席上、父の生家を継いだ姉、つまり、私の伯母が先祖伝来とやらいう掛軸だの、香炉だの、古文書の類などを持参して私に見せ、説明をする。要するに、本来、お前は矢島家の総領娘であるのだからこれらの遺品が将来、散逸しないように心掛けよといったもので、子供の私はあっけにとられていたが、あとから従兄達が、心配するな、あれは伯母さんの口癖で、みんな聞かされている。第一、ろくなものはありゃあしないんだから、と耳打ちされて安心した思い出がある。この一族の集合の場所の一つが帝国ホテルであった。当日は母親によそゆき用の天鵞絨《びろうど》のワンピースを着せてもらって、髪にはリボン、新しいストッキングに磨きたての靴、赤いハンドバッグに入れて行ったのはハンカチとちり紙と飴玉かキャラメルか、せいぜい一杯、気取って出かけるのが嬉しくてならなかった。

なにしろ、帝国ホテルのドアを一歩入れば、そこは天国、いや、私にはお伽の国、魔法の国でスマートなドアマンのお兄さんに出迎えられてどぎまぎし、あとは放心状態で大好物の海老フライにチキンライス、生クリームがふわふわになってたっぷりかかっている苺パフェを平らげ、帰宅したとたん狸のようなお腹を上にしてひっくり返ったまま、暫くは動けなかったという恥かしい顚末は、その折、同席した親類の誰彼が死ぬまで語り継いだので、年頃の時分は随分、迷惑した。

とはいえ、そんな思い出が下敷になっているせいか、後年の私は友人知人と帝国ホテルへ出かけ、今日はどこの食事処へ入り込もうかと相談する楽しみをおぼえたようである。

そうした親近感が、あの大地震の日に私を帝国ホテルへふらふらと足を向けさせたような気がするのだが、正面の大扉を入ってすぐのロビイに目が行ってぎょっとした。普段、静かでゆったりしている左手のラウンジが立錐の余地もないほど人で埋まっていた。ロビイ側の客用の椅子も満員御礼の札止めといった有様で、やむなく私はタクシー乗り場へ後戻りした。タクシー待ちの客の数が十人足らずと見えたからで、並んでいれば何とかなると思えたせいである。で、そこに居た従業員の方に、行列の一番後ろはどこですかと訊ねた。今でも、その従業員の方の困惑し切った表情が目に浮ぶ。三月になっていてもその日の外気温はけっこう低かったような気がするのだが、従業員の方の額からは汗が流れていた。丁重に申しわけありませんが、と断って、ロビイのほうへ視線を向けた。「あちらにお出になる方々もタクシーをお待ちなのです。失礼ですが順番札をお渡しして車が参り次第、お知らせして居ります。よろしければ札をお作りしますが……」

帝国ホテルが通常、用意しているプラスチックの番号札はとっくに品切れになっていたのであった。従業員の方はフロントの方々が至急、用意されたのであろう紙の札を、それも、もうなくなって一枚きりになっていたのを私の前の客に渡し、新たにやって来た私のために新しい札を作ろうという意味だとわかって、私は辞退した。改めて眺めるまでもなく、このタクシー待ちの人々が、容易ならざる数であるのは一目瞭然である。外へ出て、とりあえず新橋の知人の店へ行こうと考えた。いや、それよりも帰り道の途中にある出版社へ寄ってみようかと思案しかけて、結局、どちらも諦めた。迷惑をかけるのがわかり切っていたからであった。

それに、道路は人が溢れていた。すし詰め状態ながら整然と、押し合いへし合いもせず、ずんずんと同じ方向へ歩いて行く。

忘れていた戦争の時代を思い出した。あの頃はどこへでもよく歩いた。歩いて行けば、いつかは目的地に着いた。

福井に疎開していたら、市内が空襲で全焼した。新聞もラジオも機能が停止したのか、情報不足で何もわからないまま、私は市内に住む友人の安否が気がかりで、寄宿していた伯母の家から五里の距離のある市内へ一番電車に乗って行き、見渡す限り、なんにもなくなっている焼っ原を歩いて学校へたどりつき、石の校門だけを確認して帰途についた。

福井城のお堀は戦火に追われてとび込んだ人々の遺体で埋まっていた。漸く訊ね当てた友人の家では庭の防空壕の中で友人が親子三人、炭と化していた。一日中、方角が判らず歩き廻った末に京福電鉄に勤務していた伯父が鉄道電話で知人に頼んでおいてくれたおかげで、新福井の駅から貨車の片すみに押し込んでもらって伯母の家へ帰った。

そんな昔の体験に較べれば、日比谷から歩いて我が家へ帰るくらいなんともない。そう思って歩いて行った私の瞼の中には、心配そうにいつまでも私を見送ってくれた帝国ホテルのドアマンさんの姿があって、それが私の気持を勇気づけてくれたように思う。

村松友視さんの『帝国ホテルの不思議』を拝読して長年「帝国ホテル」に対して持っていた親近感がもう一つ、濃くなった気持がする。

改めて、村松さんと「帝国ホテル」の皆さんに感謝申し上げたい。

（作家）

参考文献
『帝国ホテル百年史一八九〇－一九九〇』（帝国ホテル編集・発行、一九九〇年）
『帝国ホテル百年の歩み』（同）